中华文化风采录

丰富民俗文化

热闹的元宵

王丽 ◎ 编著

北方妇女儿童出版社
·长春·

版权所有　侵权必究

图书在版编目(CIP)数据

热闹的元宵 / 王丽编著. —长春：北方妇女儿童出版社，2017.5（2022.8重印）

（丰富民俗文化）

ISBN 978-7-5585-1075-5

Ⅰ．①热… Ⅱ．①王… Ⅲ．①节日－风俗习惯－中国－通俗读物 Ⅳ．①K892.1-49

中国版本图书馆CIP数据核字(2017)第100713号

热闹的元宵

RENAO DE YUANXIAO

出 版 人	师晓晖	
责任编辑	吴　桐	
开　　本	700mm×1000mm　1/16	
印　　张	6	
字　　数	85千字	
版　　次	2017年5月第1版	
印　　次	2022年8月第3次印刷	
印　　刷	永清县晔盛亚胶印有限公司	
出　　版	北方妇女儿童出版社	
发　　行	北方妇女儿童出版社	
地　　址	长春市福祉大路5788号	
电　　话	总编办：0431-81629600	

定　　价　36.00元

序言

习近平总书记说:"提高国家文化软实力,要努力展示中华文化独特魅力。在5000多年文明发展进程中,中华民族创造了博大精深的灿烂文化,要使中华民族最基本的文化基因与当代文化相适应、与现代社会相协调,以人们喜闻乐见、具有广泛参与性的方式推广开来,把跨越时空、超越国度、富有永恒魅力、具有当代价值的文化精神弘扬起来,把继承传统优秀文化又弘扬时代精神、立足本国又面向世界的当代中国文化创新成果传播出去。"

为此,党和政府十分重视优秀的先进的文化建设,特别是随着经济的腾飞,提出了中华文化伟大复兴的号召。当然,要实现中华文化伟大复兴,首先要站在传统文化前沿,薪火相传,一脉相承,弘扬和发展5000多年来优秀的、光明的、先进的、科学的、文明的和自豪的文化,融合古今中外一切文化精华,构建具有中国特色的现代民族文化,向世界和未来展示中华民族具有独特魅力的文化风采。

中华文化就是中华民族及其祖先所创造的、为中华民族世世代代所继承发展的、具有鲜明民族特色而内涵博大精深的优良传统文化,历史十分悠久,流传非常广泛,在世界上拥有巨大的影响力,是世界上唯一绵延不绝而从没中断的古老文化,并始终充满了生机与活力。

浩浩历史长河,熊熊文明薪火,中华文化源远流长,滚滚黄河、滔滔长江是最直接的源头,这两大文化浪涛经过千百年冲刷洗礼和不断交流、融合以及沉淀,最终形成了求同存异、兼收并蓄的辉煌灿烂的中华文明。

中华文化曾是东方文化的摇篮,也是推动整个世界始终发展的动力。早在500年前,中华文化催生了欧洲文艺复兴运动和地理大发现。在200年前,中华文化推动了欧洲启蒙运动和现代思想。中国四大发明先后传到西方,对于促进西方工业社会形成和发展曾起到了重要作用。中国文化最具博大性和包容性,所以世界各国都已经掀起中国文化热。

中华文化的力量,已经深深熔铸到我们的生命力、创造力和凝聚力中,是我们民族的基因。中华民族的精神,也已深深根植于绵延数千年的优秀文

序言

化传统之中，是我们的精神家园。但是，当我们为中华文化而自豪时，也要正视其在近代衰微的历史。相对于5000年的灿烂文化来说，这仅仅是短暂的低潮，是喷薄前的力量积聚。

中国文化博大精深，是中华各族人民5000多年来创造、传承下来的物质文明和精神文明的总和，其内容包罗万象，浩若星汉，具有很强的文化纵深感，蕴含丰富的宝藏。传承和弘扬优秀民族文化传统，保护民族文化遗产，已经受到社会各界重视。这不但对中华民族复兴大业具有深远意义，而且对人类文化多样性保护也是重要贡献。

特别是我国经过伟大的改革开放，已经开始崛起与复兴。但文化是立国之根，大国崛起最终体现在文化的繁荣发展上。特别是当今我国走大国和平崛起之路的过程，必然也是我国文化实现伟大复兴的过程。随着中国文化的软实力增强，能够有力加快我们融入世界的步伐，推动我们为人类进步做出更大贡献。

为此，在有关部门和专家指导下，我们搜集、整理了大量古今资料和最新研究成果，特别编撰了本套图书。主要包括传统建筑艺术、千秋圣殿奇观、历来古景风采、古老历史遗产、昔日瑰宝工艺、绝美自然风景、丰富民俗文化、美好生活品质、国粹书画魅力、浩瀚经典宝库等，充分显示了中华民族厚重的文化底蕴和强大的民族凝聚力，具有极强的系统性、广博性和规模性。

本套图书全景展现，包罗万象；故事讲述，语言通俗；图文并茂，形象直观；古风古雅，格调温馨，具有很强的可读性、欣赏性和知识性，能够让广大读者全面触摸和感受中国文化的内涵与魅力，增强民族自尊心和文化自豪感，并能很好地继承和弘扬中国文化，创造未来中国特色的先进民族文化，引领中华民族走向伟大复兴，在未来世界的舞台上，在中华复兴的绚丽之梦里，展现出龙飞凤舞的独特魅力。

目录

悠久历史——起源发展
元宵节源于古人以火把驱邪　002
由误射神鸟引起的张灯习俗　009

丰富意蕴——彩灯文化
016　一年中灯火最旺的时节
022　趣味盎然的元宵节咏灯诗
030　源于唐诗名句的最早灯联

绚丽多彩——各地灯会
定型于隋朝的元宵灯节　038
宋代元宵灯会盛况空前　042
元明两代灯文化趋于民间化　050
荟萃众家之长的成都灯会　057
传承两千多年的灯文化意蕴　062

目录

博大精深——灯谜文化

由夏朝歌谣演变而来的灯谜　068

结合汉字结构的灯谜猜法　073

精巧玲珑的各地元宵彩灯　082

悠久历史 起源发展

每年农历正月十五,是我国传统节日元宵节。正月为元月,古人称夜为"宵",而十五的夜晚又是一年中第一个月圆之夜,故称元宵节。

元宵节又称为小正月、元夕或灯节,是春节之后的第一个重要节日。自汉代以来,民间就有正月十五张灯、赏灯的习俗,所以正月十五又称灯节。

按照我国民间的传统,正月十五的夜晚,人们要观灯会、猜灯谜、吃元宵,活动丰富多彩。其时,阖家团聚,其乐融融。

元宵节源于古人以火把驱邪

元宵节的起源很古老,源于远古人类在过节时以火把驱邪。这个节要祭祀天神,由于是在夜里进行,自然要打着火把,后来就逐渐演变为元宵节了。

元宵灯会

■ 元宵平安灯

　　元宵节是我国的传统节日，早在2000多年前的西汉时期就有了这一节日。

　　元宵节赏灯始于东汉的汉明帝时期。因为汉明帝提倡佛法，恰逢蔡愔从天竺求得佛法归来，蔡愔称印度摩揭陀国每逢正月十五，僧众云集瞻仰佛舍利，是参佛的吉日良辰。

　　汉明帝为了弘扬佛法，于是下令正月十五的夜晚在宫中和寺院"燃灯表佛"。因此，正月十五夜燃灯的习俗，随着佛教文化影响的扩大及道教文化的加入，逐渐在我国流传下来。

　　汉代以后，这种佛教礼仪节日逐渐扩展成民间盛大的节日。这一节日经历了由宫廷到民间，由中原到全国的发展过程。

　　此外，关于元宵节的起源还有一种说法，说是起源于火把节。汉代的民众习惯在乡间田野持火把驱赶虫兽，希望减轻虫害，祈祷获得好收成。

汉明帝 刘庄，刘秀之子，母阴丽华，性格刚毅严酷。明帝即位后，一切遵奉光武制度。汉明帝提倡儒学，注重刑名文法，为政苛察，总揽权柄，权不借下。他也致力消除北匈奴的威胁。其后，又派班超出使西域，由是西域诸国皆遣子入侍。此后，复置西域都护。明帝时，吏治比较清明，境内安定。

■ 元宵灯会上的彩灯

汉文帝 刘恒，汉代第五位皇帝。公元前196年，刘邦封刘恒为代王。公元前180年，汉文帝即位。他励精图治，兴修水利，衣着朴素，废除肉刑，使汉朝进入强盛安定的时期。当时百姓富裕，天下小康。汉文帝与汉景帝时期史称"文景之治"。

这种习俗自隋代、唐代、宋代以来，更是盛行。参加歌舞的人数以万计，活动从第一天黄昏开始，直至第二天天黑才结束。

直到现代，我国西南一些地区的人们还在正月十五用芦柴或树枝做成火把，成群结队高举火把在田头或晒谷场跳舞。

随着社会和时代的变迁，元宵节的风俗习惯有了较大的变化，但至今仍是我国民间的传统节日。

关于元宵节的来历，民间还有一些传说。

据传，汉文帝在元月十五平定了"诸吕之乱"，因此就将这一天定为元宵节。

汉高祖刘邦死后，吕后之子刘盈登基为汉惠帝。惠帝生性懦弱，优柔寡断，大权渐渐落在吕后手中。汉惠帝病死后，吕后独揽朝政，把刘氏天下变成了吕氏天下。朝中老臣刘氏宗亲深感愤慨，但都惧怕吕后的残暴，因而敢怒不敢言。

吕后病死后，吕氏家族惶惶不安，害怕遭到伤害和排挤。于是，在上将军吕禄家中秘密集合，共谋作乱之事，以彻底夺取刘氏江山。

此事传至刘氏宗室齐哀王刘襄耳中。刘襄为了保住刘氏江山，决定起兵讨伐诸吕。随后，刘襄与开国老臣周勃、陈平取得联系，设计解除了吕禄，"诸吕之乱"终于被彻底平定。

平定叛乱之后，众臣拥立刘邦的第四个儿子刘恒登基，称汉文帝。文帝深感太平盛世来之不易，便把平息"诸吕之乱"的正月十五定为与民同乐日，每年的正月十五，京城里家家户户都张灯结彩，以示庆祝。

从此，正月十五便成了民间一个普天同庆的节日，就是后来的"元宵节"。

另一则传说是东方朔与元宵姑娘的故事，这一传说与吃元宵的习俗有关。

蔬菜花灯

■ 元宵喷水花灯

相传汉武帝有个宠臣名叫东方朔,他善良又风趣。有一年冬天,连续下了几天大雪,东方朔就到御花园去给汉武帝折梅花。他刚进园门,就发现有个宫女泪流满面,准备投井。东方朔慌忙上前搭救,并问明她欲自杀的原因。

原来,这个宫女名叫元宵,家里还有双亲及一个妹妹。自从她进宫以后,就再也无缘和家人见面。每年到了腊尽春来的时节,就比平时更加思念家人。她觉得不能在双亲身边尽孝,不如一死了之。

东方朔了解了元宵姑娘的遭遇,深感同情,就向她保证,一定设法让她和家人团聚。

一天,东方朔出宫在长安街上摆了一个占卜摊,不少人都争着向他占卜求卦。不料,每个人所占所求,都是"正月十六火焚身"的签语。一时之间,长安陷入一片恐慌,人们纷纷求问解灾的办法。

东方朔 本姓张,字曼倩,西汉著名文学家。汉武帝即位后,征四方士人。东方朔上书自荐,诏拜为郎。后任常侍郎、太中大夫等职。他性格诙谐,言辞敏捷,滑稽多智,常在武帝面前谈笑取乐。他一生的著述很多,有《答客难》《非有先生论》等。司马迁称他为"滑稽之雄"。

东方朔就说:"正月十三傍晚,火神君会派一位赤衣神女下凡查访,她就是奉旨烧长安的使者,我把抄录的谶语给你们,可让你们想想办法。"说完,便扔下一张红帖,扬长而去。

老百姓拿起红帖,赶紧送到皇宫去禀报皇上。

汉武帝接过来一看,只见上面写着:"长安在劫,火焚帝阙,十五天火,焰红宵夜。"他心中非常惊讶,连忙请来了足智多谋的东方朔。

东方朔假意想了一想,就说:"听说火神君最爱吃汤圆,宫中的元宵姑娘不是经常给你做汤圆吗?十五晚上可让宫女元宵做好汤圆,万岁焚香上供,并传令京城家家都做汤圆,一齐敬奉火神君。再传谕臣民一起在十五晚上挂灯,满城点鞭炮、放烟火,好像满城大火,这样就可以瞒过火神君了。此外,通知城外百姓,十五晚上进城观灯,宫廷人杂在人群中消灾解难。"

武帝听后十分高兴,就传旨照东方朔的办法去做。

元宵五彩花灯

元宵火龙灯

到了正月十五这一天，长安城里家家张灯结彩，游人熙来攘往，热闹非常。宫女元宵的父母和妹妹进城观灯。

当他们看到写有"元宵"字样的大宫灯时，惊喜地高喊："元宵！元宵！"宫女元宵听到喊声，终于和家里的亲人团聚了。

如此热闹了一夜，长安城果然平安无事。汉武帝大喜，便下令以后每到正月十五都做汤圆供奉火神君，全城挂灯、放烟火。

因为宫女元宵做的汤圆最好，人们就把汤圆叫元宵，这天叫"元宵节"。

阅读链接

按照我国古代的习俗，"元"指月亮正圆，一年之中有所谓"三元"，即正月十五称为"上元"，七月十五称为"中元"，十月十五称为"下元"。因此，元宵节也称为"上元节"。

据考证，元宵节的来历，有说与祭祀太一神有关。太一神也称太乙神，主宰人间的风雨、饥馑和瘟疫。

据说，汉朝武帝曾久病不愈，求助太乙神后竟奇迹般治愈了，于是开始建太乙祠坛祭祀，每逢正月十五通宵达旦，以盛大的灯火祭祀。每到正月十五元宵夜，汉武帝就来到甘泉宫，主持祭祀太一神的活动。这一活动被后人视作正月十五祭祀天神的先声。

由误射神鸟引起的张灯习俗

元宵节又称灯火节,在南北朝时,灯火十分盛行。正月十五闹花灯,因其一片光明的寓意和喜气洋洋的气氛,被人们称作良辰美景。每到这一天,无论男女老少,都会成群结队徜徉灯市,来领略"楼台上下火照火,车马往来人看人"的节日氛围。

元宵节花灯

▮元宵花灯

元宵节张灯是我国的传统习俗。关于张灯的由来还有一个传说。

相传在很久以前，凶禽猛兽很多，四处伤害人和牲畜，人们就组织起来去消灭它们。

据说当时有一只神鸟因为迷路而降落人间，却意外被不知情的猎人给射死了。玉帝知道以后，十分震怒，立即传旨，让天兵于正月十五到人间放火，把人间的人畜财产通通烧掉。

玉帝的女儿心地善良，不忍心看百姓无辜受难，于是就冒着生命的危险，偷偷驾着祥云来到人间，把这个消息告诉了人们。

众人听说这个消息后，犹如头上打了一个响雷，吓得不知如何是好。过了好久，才有位老人家想出了办法。这位老人说："在正月十四、十五、十六这三天，每户人家都在家里张灯结彩、点响爆竹、燃放

玉帝 全称"昊天金阙无上至尊自然妙有弥罗至真玉皇上帝"，又称"昊天通明宫玉皇大帝""玄穹高上玉皇大帝"，居住在玉清宫。玉帝在道教神阶中修为境界不是最高，但是神权最大。玉帝除统领天、地、人三界神灵之外，还管理宇宙万物的兴隆衰败、吉凶祸福。

烟火。这样一来,玉帝就会以为人们都被烧死了。"

大家听了都点头称是,便分头准备去了。到正月十五这天晚上,玉帝往下一看,发觉人间一片红光,响声震天,以为是大火燃烧的火焰,于是心中大悦。就这样,人们才保住了自己的生命及财产。

从此,每年到了正月十五,家家户户都悬挂灯笼,燃放烟火,以表达对善良之人的感激之情。

此外,还有一些民俗专家认为,元宵张灯的习俗起源于佛家与道家的斗法。说是东汉明帝的时候,迦叶摩腾和竺法兰来到我国传教,遇到道家的责难。于是,迦叶摩腾和竺法兰决定在宫廷与道士比试法力。

迦叶摩腾和竺法兰用火烧经像,而经像丝毫无损,熠熠生辉。明帝看见后,感到佛法无量,于是敕令正月十五佛祖神变之日燃灯,以表佛法大明。就此,佛家神灯火种在我国大地上燃起,并逐渐流传到各地。

后来,佛教大兴,佛僧积极劝导人们正月十五张灯,认为张灯之举功德无量。如此一来,佛家灯火逐渐遍布于民间,便形成了正月十五张灯的习俗。

自从元宵节张灯之俗形成以后,我国历朝历代都把正月十五张灯、观灯视为一大盛事。梁简文帝曾写过一篇《列

竺法兰 古印度僧人。东汉明帝时到我国传授佛教,成为汉地沙门之师,所译经文是我国第一部汉译佛经,在我国佛教史上占有重要地位。公元67年,竺法兰与迦叶摩腾一起来到我国,很快学会汉语,在京都洛阳传授佛法,翻译佛经,两人被尊为我国佛教的鼻祖。

■ 古人庆祝元宵节蜡像

■ 元宵蘑菇花灯

灯赋》，描绘了当时宫廷在元宵节张灯的盛况。其中写道：

南油俱满，西漆争燃。
苏征安息，蜡出龙川。
斜晖交映，倒影澄鲜。

到了隋炀帝时期，朝廷每年正月十五都要举行盛大的晚会以招待万国来宾和使节。

据《隋书·音乐志》记载：元宵庆典甚为隆重，处处张灯结彩，日夜歌舞奏乐。参加表演的达3万多人，奏乐的近2万人，戏台有4千米长，游玩观灯的百姓更是不计其数。数万人通宵达旦，尽情欢乐，热闹非常。

到了唐代，元宵庆典发展成为盛况空前的灯市；

隋炀帝 杨广，华阴人，生于京师长安，隋朝第二代皇帝。一名英，小字阿么，604年继位。他在位期间修建大运河，营建东都迁都洛阳城，开创科举制度，亲征吐谷浑，三征高句丽，因为滥用民力，造成天下大乱，直接导致了隋朝的灭亡。618年，他在江都被部下缢杀。

在中唐以后，已发展成为全民性的狂欢节。唐玄宗时的开元盛世，长安的灯市规模很大，燃灯5万盏，花灯种类繁多。皇帝命人做巨型灯楼达20多间，高约50米，金光璀璨，极为壮观。

唐代是实行宵禁的，每当夜晚禁鼓一响就禁止人们出行，犯夜就要受到处罚。唯独在元宵节，皇帝特许开禁3天，称为"放夜"。

据《大唐新语》记载，每逢元宵节之夜，长安城里都要大放花灯3天。到了宋代，张灯由3夜延长到5夜，除灯彩以外还要燃放焰火，表演各种杂耍，情景更加热闹。据《东京梦华录》中记载：

> 每逢灯节，开封御街上，万盏彩灯垒成灯山，花灯焰火，金碧相射，锦绣交辉。京都少女载歌载舞，万众围观。游人集御街两廊下，奇术异能，歌舞百戏，鳞鳞相切，乐音喧杂十余里。

唐玄宗（685年~762年），李隆基，也称唐明皇。712年李旦禅位于李隆基，李隆基取得国家的最高统治权。他统治前期注意拨乱反正，任用贤相，励精图治。其开元盛世是唐朝的极盛之世。统治后期，他怠慢朝政，宠信奸臣，为唐朝中衰埋下了伏笔。

■ 元宵植物花灯

元宵彩龙灯

这时的大街小巷、茶坊酒肆灯烛齐燃,锣鼓声声,鞭炮齐鸣,百里灯火长明不绝。

到了明代,朱元璋在金陵即位后,又规定正月初八上灯,十七落灯,连张10夜,家家户户都要悬挂五色灯彩。彩灯上人物舞姿翩翩,鸟飞花放,龙腾鱼跃,花灯焰火照耀通宵,鼓乐游乐,通宵达旦,这是当时我国时间最长的灯节。到了清代,花灯种类更多,其中有古朴典雅的宫灯,五彩缤纷的龙灯,结构精巧、借风旋转的走马灯,绫绸扎制、栩栩如生的人物灯等。

宫灯,是我国驰名世界的手工艺品。宫灯因多为皇宫和历朝历代的张灯、观灯盛事,充分表达了人们祈求五谷丰登、祝福人间太平的美好愿望。

阅读链接

宫灯的制作十分复杂,主要用雕木、雕竹、镂铜做骨架,然后镶上纱绢、玻璃或牛角片,上面彩绘山水、花鸟、鱼虫、人物等各种吉祥喜庆的题材。上品宫灯还嵌有翠玉或白玉。

宫灯的造型十分丰富,有四方、六方、八角、圆珠、花篮、方胜、双鱼、葫芦、盘长、艾叶、眼镜、套环等许多品种,尤以六方宫灯为代表。

1915年,北京宫灯首次被送到巴拿马万国博览会展出,荣获金奖,受到国际好评。其后,宫灯逐渐向实用方向发展,出现各种吊灯、壁灯、台灯和戳灯等。我国的宫灯制作以北京最为著名,宫灯是观赏性花灯主要品种之一。

丰富意蕴 彩灯文化

在我国民间有一则谚语："三十的火，十五的灯。"意思是说我国闹元宵的主要内容就是灯，故元宵节又称灯节。由此可见，我国传统的元宵节蕴含了丰富的灯文化。

鳌山灯杆、火树银花，是元宵节最突出的景观。最能概括元宵节活动的便是张灯和放火。张灯、放火是元宵节最主要的民俗活动，后来的观灯游赏以及社火百戏，都是直接或间接由此发展而来的。

一年中灯火最旺的时节

绣花彩灯

元宵节是我国一年中灯火最旺的时节，可算得上是"火树银花不夜天"了。而"闹花灯"是元宵节日庆典规模最大、喜庆气氛最浓的一种习俗。

元宵节闹花灯的习俗，在隋代以前已经见于文字记载。据《资治通鉴》第一百七十五卷中记载：

以近世风俗，每正月十五夜，燃灯游戏，奏请禁之。曰：窃见京邑，爰及外州，每以正月望夜，充街塞陌，聚戏朋游，鸣鼓聒天，燎炬照地。竭资破产，竞此一时。尽室并孥，无问贵贱；男女混杂，缁素不分。

每年正月十五的夜晚，人们都在大街上尽情狂欢，鼓声震天，火光照地。人们不惜钱财，比花灯的规模和精巧。而且家中所有的人，也不分主仆，不论贵贱，不管男女，一切等级、性别、贵贱的界限全部打破，一切隔阂全部消失，剩下的只是欢歌笑语同花灯了。

正月十五闹花灯风俗的兴起时间，在550年至580年之间。从这一习俗产生的时间、地域及风俗内容来推测，它的兴起与佛教的流传有关。

《涅槃经》说，如来佛死后火化，将其舍利子装在精美的罐中，安放在金床上。佛门弟子一边散花一边奏乐，并每绕城一步点燃一盏灯，以此来表示对如来佛的悼念。

但《涅槃经》没有明确记载这些悼念活动就在正月十五进行。《西域记》所说的僧俗共同观看舍利放光的习俗，则明确说是正月十五。

这两个习俗的发展，逐渐形成了正月十五闹花灯

■ 塔楼花灯

《资治通鉴》
北宋司马光主编的一部多卷本编年体史书，共294卷，历时19年告成。它以时间为纲，事件为目，从公元前403年写起，到959年，涵盖16朝1362年的历史。它是我国第一部编年体通史，在我国官修史书中占有极为重要的地位。

禅宗 又称宗门，汉传佛教宗派之一，始于菩提达摩，盛于六祖慧能，中晚唐之后成为汉传佛教的主流，也是汉传佛教最主要的象征之一。汉传佛教宗派多来自印度，但唯独天台宗、华严宗与禅宗，是由中国独立发展出的3个本土佛教宗派。其中又以禅宗最具独特的性格。其核心思想为："不立文字，教外别传；直指人心，见性成佛。"代表作《六祖坛经》。

这一民俗。从地点看，这一民俗开始流行于洛阳及周边州郡。这与北魏、北周时崇尚佛教以及著名禅宗大师达摩、慧可先后在嵩山少林寺传法有关，因为禅宗开始兴起时，深受百姓的欢迎。

从习俗的内容看，正月十五闹花灯打破了一切界限，体现了佛教禅宗人人平等、人人都有佛性的观点。这种取消一切束缚、打破一切界限的习俗，时至今日还有余风。民间"正月十五没大小"的俗语和风习便是古风的遗存。

虽然这个习俗起源于佛教及佛事活动，但当这一习俗形成之后，其宗教色彩便渐渐淡化，成为百姓狂欢的节日。

正月十五也叫"上元节"。上元节闹花灯，在北京有着悠久的历史。

上元节是道教的提法，为庆贺道教"上元赐福

■ 玉兔花灯

▪ 灯市上的龙灯

天官紫微大帝"诞生于正月十五,上元节便成为具有佛、道两教特色的民众性节日。

在上元节时,最早只有皇宫和达官显贵的府第在自家门前挂几盏灯,借以炫耀门楣。后来,民间富户相率效尤,灯市也应运而生。民间元宵节张灯、赛灯、观灯,亦逐渐成为普遍的习俗。

明代灯市在北京东城灯市口。每到元宵夜,街道两旁列市,上至珠宝玉器,下至日用百货,无不具备,并有茶楼酒肆供游人饮宴作乐。各铺户都张挂绢纱、烧珠、明角、麦秸、通草制成的各式花灯,供人观赏。

清代始将灯与市分开,以东四牌楼、地安门外为最盛,其次为东安门、新街口、西四牌楼,外城是正阳门外大街。此地铺户以糕点铺、布铺、绸缎庄为主,皆争强斗胜地挂出大小、高矮、方圆形式不等的花灯,有纱绢、玻璃、羊角、西洋之别。

牌楼 又名牌坊,是我国古代建筑中一种重要的类型,其建筑布局细腻,结构紧凑,形式多样,远看巍峨壮观,近看玲珑剔透,首都北京是牌楼最多的城市,曾建各式知名牌坊300多座。牌楼的形式千变万化,随着历史的演变,牌楼已成为中国的一个独特的文化现象。牌楼象征着威严、荣誉、表彰、

走马灯 古称蟠螭灯、仙音烛和转鹭灯、马骑灯，汉族特色工艺品，亦是传统节日玩具之一。常见于元夕、元宵、中秋等节日。灯内点上蜡烛，烛产生的热力产生气流，令轮轴转动。轮轴上有剪纸，烛光将剪纸的影投射在屏上，图像便不断走动。因灯各个面上绘制古代武将骑马的图画，灯转动时看起来好像几个人你追我赶一样，故名走马灯。

花灯上面绘有古代传说故事，如《列国》《三国演义》《西游记》《封神榜》《红楼梦》《水浒传》《聊斋志异》《精忠传》《三侠五义》等，或兰、菊、梅、竹，或鸾、凤、龙、虎、虫、鱼等，无不颜色鲜艳、栩栩如生。又有独出心裁者，浇注冰灯，搞冰灯会。

早年，地安门外大街的聚盛公干果铺、义溜河沿的冰窖工人，均以巧手结冰为神佛、戏剧人物、器具，内燃灯烛，其间龙、虎、鱼、鸟，华而不奢，朴而不俗。

在上元夜，无论官宦贵人、平民百姓，都不约而同地上街观灯，形成万人空巷之势。

市面更有临时商贩售卖走马灯、吉利灯、气死风灯，以及狮、狗、羊、兔等动物造型的纸灯，形成了灯市。孩子们纷纷提着灯笼，四处游逛玩耍，形成提

寓意"年年有余"的花灯

灯逛灯之景，好不热闹。正是：

> 通会灯市似火龙，
> 双塔晴烟报主凶。
> 拒马长虹行逆水，
> 胡良晓月除夕明。

这就是正月十五元宵节闹花灯的场面。

最初的灯是单纯、静止的，它不能运动，也较少装饰，并且多是单个独立的。其后的发展变化过程中，装饰最先迈出步伐，灯的里里外外都被加以雕琢、修饰。

福字彩灯

阅读链接

古代原涿州城中有夹城，门名"通会"，夹城上有重楼3间，名"通会楼"，俗称鼓楼。楼上左鼓右钟，楼高13.5米，10千米外可遥遥在目。

每年正月十五是闹花灯之日，从通会楼至南门置72架木制牌楼，十字路口置7座灯棚。每到此日，大街小巷，张灯结彩，耍龙灯、舞狮子、踩高跷、放鞭炮，真是火树齐开，星球碎挂，千家万户，燃烛通宵。

元宵之夜，登上鼓楼，远眺长街，龙飞凤舞，颇为壮观。这一景象称为通会灯市。

趣味盎然的元宵节咏灯诗

元宵节张灯是我国人民的传统习俗。古往今来，不仅流传着大量脍炙人口的元宵咏灯诗，也留下了无数趣味盎然的元宵吟灯联。

不夜城中陆地莲，小梅初破月初圆。
新年第一佳时节，谁肯如翁闭户眠？

■ 脸谱花灯

这就是正月十五闹花灯的热闹场景。

在闹花灯的海洋里，有灯谜让你竞猜，于赏灯中射虎添趣；有龙灯绕你狂舞，于翻飞中心动情欢；有灯笼让你投票，于评选中尽展风流；有汤圆让你饱尝，于赛吃中捧腹狂欢……这正是："正月十五闹花灯，街衢断煞夜归人。"

"一曲笙歌春如海，千门灯火夜似昼。"历代文人墨客赞美元宵花灯的诗句数不胜数。

隋炀帝在《元夕于通衢建灯夜升南楼》一诗中就有这样的诗句：

■ 火红的彩灯

灯树千光照，花焰七枝开。
燔动黄金地，钟发琉璃台。

唐代，元宵放灯已发展成为盛况空前的灯市。唐代治世因社会升平，经济富庶，花灯更是大放异彩，盛极一时，活动规模相当浩大，观灯人潮万头攒动，上至王公贵族，下至贩夫走卒，无不出外赏灯。

唐玄宗时，延续西汉的弛禁制度，京师长安更在元宵节前后三夜取消宵禁，扩大实施"放夜"，方便人们赏灯，唐以后花灯便成为元宵节的重要标志。

灯谜 写在彩灯上面的谜语，又叫"灯虎"。猜灯谜又叫"射灯虎"。来源于民间口谜，后经文人加工成为谜。春秋战国时期，出现了"隐语"或"瘦辞"。秦汉时则成为书面创作。三国时猜谜盛行。宋代出现灯谜，人们将谜条系于五彩花灯上，供人猜射。明清时，猜灯谜十分流行。

■ 火龙花灯

唐代诗人苏味道的《正月十五夜》诗中说道：

　　火树银花合，星桥铁锁开。
　　暗尘随马去，明月逐人来。
　　游妓皆秾李，行歌尽落梅。
　　金吾不禁夜，玉漏莫相催。

诗词描绘了元宵夜灯月交辉，游人如织，热闹非凡的场景。

李商隐的诗中写道：

　　月色灯山满帝都，香车宝盖隘通衢。
　　身闲不睹中兴盛，羞逐乡人赛紫姑。

值得称道的是我国唐代诗人崔液的《上元夜》：

　　玉漏铜壶且莫催，铁关金锁彻夜开。
　　谁家见月能闲坐，何处闻灯不看来。

李商隐 擅长诗歌写作，骈文文学价值也很高，是晚唐最出色的诗人之一，和杜牧合称"小李杜"，与温庭筠合称为"温李"，因诗文与同时期的段成式、温庭筠风格相近，且三人都在家族里排行第十六，故并称为"三十六体"。

苏轼（1037年~1101年），北宋文学家、书画家。字子瞻，号东坡居士。与父亲苏洵、弟弟苏辙合称为"三苏"。他是唐宋八大家之一，著有《苏东坡全集》和《东坡乐府》等。

诗中虽没有正面描写元宵节的盛况，但蕴含着欢乐愉悦、热闹熙攘的场景。

此外，唐代诗人张祜的《正月十五夜灯》一诗意境也很不错：

> 千门开锁万灯明，正月中旬动地京。
> 三百内人连袖舞，一时天上著词声。

张祜 字承吉，唐代诗人。出生在清河张氏望族，家世显赫，被人称作张公子，初寓姑苏，后至长安，被元稹排挤，遂至淮南，爱丹阳曲阿地，隐居以终。

两宋时期，国势虽然积弱，但是元宵节的灯文化因得到皇室的大力倡行而益加发扬光大，使宋朝成为花灯发展的另一重要历史阶段。

苏轼说"灯火家家有，笙歌处处楼"；范成大说"吴台今古繁华地，偏爱元宵影灯戏"；欧阳修说"去年元夜时，花市灯如昼"，这些名人都把元宵节美景写得有声有色。

■ 城楼花灯

姜夔 字尧章，别号白石道人，南宋词人。他少年孤贫，屡试不第，终生未仕，一生转徙江湖。早有文名，颇受杨万里、范成大、辛弃疾等人推赏，以清客身份与张鎡等名公巨卿往来。工诗词，精音律，善书法，对词的造诣很深。有诗词、诗论、乐书、字书、杂录等多种著作。

著名词人姜夔《诗曰》，让人读后如临其境：

元宵争看采莲船，宝马香车拾坠钿。
风雨夜深人散尽，孤灯犹唤卖汤元。

元代诗人元好问的《京都元夕》，把京城各阶层的人们闹元宵的热闹场面描绘得恰到好处：

袨服华妆着处逢，六街灯火闹儿童。
长衫我亦何为者，也在游人笑语中。

明代更加铺张，将元宵放灯从3夜改为10夜。唐寅曾赋诗盛赞元宵节，把人们带进了迷人的元宵之夜。诗中写道：

有灯无月不误人，有月无灯不算春。
春到人间人似玉，灯烧月下月似银。

■ 三国故事花灯

■ 鱼形花灯

满街珠翠游春女，沸地笙歌赛社神。
不展芳樽开口笑，如何消得此良辰。

明人李梦阳的《汴京元夕》也别具韵味：

中山孺子倚新妆，郑女燕姬独擅场。
齐唱宪王春乐府，金梁桥外月如霜。

清代元宵热闹的场面除各种花灯外，还有舞火把、火球、火雨等。阮元有《羊城灯市诗》写道：

海鳌云凤巧玲珑，归德门明列彩屏，
市火蛮宾余物力，长年羊德复仙灵。
月能彻夜春光满，人似探花马未停；
是说瀛洲双客到，书窗更有万灯青。

唐寅（1470年~1524年），字伯虎，一字子畏，苏州府吴中人士，号六如居士、桃花庵主、鲁国唐生、逃禅仙吏等。他玩世不恭又才华横溢，诗文擅名，与祝允明、文徵明、徐祯卿并称为"吴中四才子"。他的画更是名闻千里，与沈周、文徵明、仇英并称"明四家"。

清代诗人姚元之的《咏元宵节》诗写道：

> 花间蜂蝶趁喜狂，宝马香车夜正长。
> 十二楼前灯似火，四平街外月如霜。

这首诗写得更是生动、精彩、别致。

清代唐顺之的《元夕影永冰灯》一诗，让人有一种诗人元夕之夜畅游而意犹未尽之感：

> 正怜火树千春妍，忽见清辉映月阑。
> 出海鲛珠犹带水，满堂罗袖欲生寒。
> 烛花不碍空中影，晕气疑从月里看。
> 为语东风暂相借，来宵还得尽余欢。

清代诗人单可惠的《张灯曲》则推陈出新，诗中写道：

> 上元张灯夺月彩，古时嫦娥应好在。
> 手攀桂树看人间，春灯万点春如海。
> 衣香人影何纷纷，车如流水马游龙。
> 百戏鱼龙争变幻，千家楼阁高玲珑。

诗人的高明之处就在于向世人昭示了这么一个感觉：要状述、描摹正月十五闹花灯的盛况，非得登上月亮，居高俯瞰不可。

唐顺之 字应德，一字义修，号荆川。明代儒学大师、军事家、散文家，抗倭英雄。官翰林编修，后调兵部主事。嘉靖八才子之一，文武全才，提倡唐宋散文，与王慎中、归有光合称嘉靖三大家，是明代重要文学流派唐宋派代表人物。

■ 元宵人物花灯

绚丽的植物花灯

充满诗情和浪漫色彩的元宵节,往往与爱情连在一起。历代诗词中,就有不少诗篇借元宵抒发爱慕之情。北宋欧阳修词中写道:

今年元夜时,月与灯依旧;
不见去年人,泪湿春衫袖。

这首词抒写了对情人的思念之苦。

阅读链接

除了元宵诗词,还有一些歌谣流传。如闽南歌谣《元宵月正圆》写道:
闹元宵,月正圆,闽台同胞心相依,
扶老携幼返故里,了却两岸长相思。
热泪盈眶啥滋味?久别重逢分外喜!
闹元宵,煮汤圆,骨肉团聚满心喜,
男女老幼围桌边,一家同吃上元丸。
这是一首企盼海峡两岸亲人团圆的歌谣,其殷殷期盼之情流溢于字里行间。

源于唐诗名句的最早灯联

元宵节赏灯,吟灯联,也具有无限的情趣,简直趣味盎然。

在北宋时,有个叫贾似道的人镇守淮阴时,有一年上元灯节张灯,门客中有人摘唐诗名句作为门灯联:

天下三分明月夜;
扬州十里小红楼。

彩色灯笼闹元宵

■ 神话故事花灯

据说，此联为我国最早的灯联。

此后，历代都有人争相效仿，在大门或显眼的柱子镶挂壁灯联、门灯联，不仅为元宵佳节增添了节日情趣，也为赏灯的人们增加了欣赏的内容。

被称为"父子双学士，老小二宰相"的清代安徽桐城人张英、张廷玉，皆能诗善对。

有一年元宵佳节，张府照例张灯挂彩，燃放鞭炮。老宰相出联试子："高烧红烛映长天，亮，光铺满地。"

小廷玉思索时，听到门外一声花炮响，顿时领悟，对道："低点花炮震大地，响，气吐冲天。"

这副对联对仗工整，天衣无缝，堪称妙对。

最为人津津乐道的是北宋王安石妙联为媒的故事了。据说，王安石20岁时，赴京赶考。元宵节路过某地，边走边赏灯，见一大户人家高悬走马灯，灯下悬

> **张英** 字敦复，一字梦敦，号乐圃，又号倦圃翁，桐城人，清代著名大臣张廷玉的父亲。张英、张廷玉父子在清代居官数十年，参与了一系列大政方针的制定和实行。二人为官清廉，人品端方，均官至一品大学士，是历史上著名的贤臣良相。同时二人还是史家公认的学者大儒。

■ 元宵节祝福花灯

明成祖（1360年~1424年），朱棣，明朝第三位皇帝，朱元璋第四子。1402年夺位登基，改元永乐。他5次亲征蒙古，七次派郑和下西洋，编修《永乐大典》，疏浚大运河。朱棣1421年迁都北京，对强化明朝统治起到了非常积极的作用。他在位期间经济繁荣、国力强盛，百姓安居乐业，这一时期史称"永乐盛世"。

一上联，征对招亲。对联说："走马灯，灯走马，灯熄马停步。"王安石见了，一时竟对答不出，便默记心中。

到了京城，主考官以随风飘动的飞虎旗出对："飞虎旗，旗飞虎，旗卷虎藏身。"王安石即以招亲联应对，便被取为进士。

归乡路过那户人家，闻知招亲联仍无人对出，便以主考官的出联回对，随之被招为快婿。一副巧合对联，竟成就了王安石人生中的两大喜事。

传说明成祖朱棣于某年元宵节微服出游，遇见一位秀才，谈得颇为投机。朱棣出上联试他才情，对联说："灯明月明，灯月长明，大明一统。"

那秀才立即对出下联："君乐民乐，君民同乐，永乐万年。"永乐是明成祖年号。朱棣大喜，遂赐他为状元。

到了清朝，有一年元宵节，乾隆皇帝带着一群文武大臣,兴致勃勃前去观看灯会。乾隆皇帝左看各种灯笼五颜六色,美不胜收;右瞧各种灯笼别致风趣,耐人寻味,心情大好。

看到兴起时,乾隆皇帝让陪他的大臣们也出了一谜联,让大家猜一猜。随同的大学士纪晓岚稍思片刻,就挥笔在宫灯上写下一副对联:

> 黑不是,白不是,红黄更不是。和狐狼猫狗仿佛,既非家畜,又非野兽;
> 诗不是,词不是,论语也不是。对东西南北模糊,虽为短品,也是妙文。

乾隆皇帝看了冥思苦想,文武大臣一个个抓耳挠腮,怎么也猜不出来。最后,还是纪晓岚自己揭了谜底,原来是"猜谜"两字。

这些富有情趣的故事,让历代无数人为元宵灯会而着迷,乐此不疲。

乾隆 清高宗爱新觉罗·弘历的年号,寓意"天道昌隆"。弘历他25岁登基,在位60年,退位后当了3年太上皇,是我国历史上执政时间最长、年寿最高的皇帝。他在位期间平定了叛乱,巩固发展生产,文武兼修,是一代有为明君。

丰富意蕴 彩灯文化

■ 双龙戏珠彩灯

■ 色彩斑斓的花灯

> **私塾** 我国古代社会一种开设于家庭、宗族或乡村内部的民间教育机构。它是旧时私人所办的学校,以儒家思想为中心,它是私学的重要组成部分。新中国成立前夕,一些私塾的学董因为土地被充公而丧失了聘请塾师的能力。同时,随着对塾师思想改造工作的进一步深入,部分塾师感到不再适合设馆谋生,便另图他业。新中国成立后,私塾逐渐消失。

元宵节猜灯谜又叫"打灯谜",是元宵节后来增加的一项活动。

灯谜是我国特有的文字游戏,始自古代隐语。它将事物或语句的真相暂时隐藏,另以一种与这事物有关的特色或背景,组成优美韵诗或通俗文字,以悬疑质难他人。

六朝以后一直到唐代,文人嗜谜者多。谜语悬之于灯,供人猜射,开始于南宋。据《武林旧事·灯品》记载:

> 以绢灯剪写诗词,时寓讥笑,及画人物,藏头隐语,及旧京诨语,戏弄行人。

元宵佳节,帝城不夜,春宵赏灯之会,百姓杂陈,诗谜书于灯,映于烛,列于通衢,任人猜度,所以称为"灯谜"。

南宋时,首都临安每逢元宵节时制谜,猜谜的人众多。开始时是好事者把谜语写在纸条上,贴在五光十色的彩灯上供人猜。当时名为"灯谜",属于一种益智娱乐。这一习俗一直延至明清两代。

到了晚清时期,灯谜的文学价值渐渐消逝,就发展成为通俗的谜语,供人们玩赏。

元宵节这天,除了有吃元宵、提灯笼、射灯谜等民俗活动外,新竹地区客家族在农业时代,还流传吃菜包、祈求六畜兴旺、借钱、借柑等过节习俗。

元宵节为何以"灯"为主题?这是因为,以往的私塾通常都把正月十五作为开课日,当天的重头戏则是"开灯"仪式,即由学生备妥一盏灯带到私塾,由老师点燃后,再由学生提着回家,象征前途光明吉祥之意。

而客家人提灯笼的习俗也饶富趣味,一对结婚的新人,在元宵节这天,需带着一盏灯笼,前往土地公庙或庙宇向神祈求赐子,然后将灯笼悬挂于庙内。因为求子是求丁,"丁"同"灯"谐音,亦即是"求丁献灯"之意。若顺利得子,次年的元宵节还愿时,需带两盏灯笼祭拜,以示继续"求丁"之意。

祭拜 在特定的时候朝拜一些人物神明等的传统,具体的祭祀目的主要是弭灾、求福、报谢。祭祀是华夏礼典的一部分,更是儒教礼仪中最重要的部分,礼有五经,莫重于祭,是以事神致福。祭祀对象分为三类:天神、地祇、人鬼。天神称祀,地祇称祭,宗庙称享。

■ 艺术花灯

球形花灯

如今每逢元宵节，各个地方都打出灯谜，希望当年能喜气洋洋，平平安安。因为谜语能启迪智慧又饶有兴趣，所以流传过程中深受社会各阶层民众的欢迎，并逐渐成为一种独特的文化现象。

阅读链接

传说，关于灯谜，还有这样一则笑话。说有个姓胡的财主横行乡里，人人叫他"笑面虎"。

有一年春节将临，穷人王少想从笑面虎家借点粮，却被他骂走了。回家路上，王少忽然心生一计。

元宵灯节的晚上，家家户户挂上了花灯，王少也提着一盏花灯上街，花灯上还题有一诗。笑面虎一见，便吩咐账房先生念给他听：头尖身细白如银，论称没有半毫分。眼睛长到屁股上，光认衣裳不认人。

笑面虎一听，知是骂自己，气得面红耳赤，命家丁抢花灯。王少忙举起灯，笑嘻嘻回道："老爷，你真多心！这四句诗是个谜，谜底就是'针'。"

周围的人明知王少的用意，哈哈大笑，此事也越传越远。到了第二年灯节，不少人都将谜语写在花灯上，供观灯的人猜测取乐。

绚丽多彩 各地灯会

我国元宵节赏花灯的习俗已有2000多年的历史。花灯又名彩灯,是我国传统农业时代的文化产物,兼具生活功能与艺术特色。

我国各地的花灯种类繁多,形态千变万化,制作技艺也各具特色,如北京的宫灯、上海的龙灯、广东的走马灯、浙江的硖石灯、哈尔滨的冰灯、四川的自贡灯等。它们都是蜚声中外、享誉灯坛的。

元宵节彩灯体现了我国各民族的才思和智慧,是一种具有浓郁民族特色的艺术品。

定型于隋朝的元宵灯节

东风夜放花千树。更吹落、星如雨。宝马雕车香满路。凤箫声动,玉壶光转,一夜鱼龙舞。

这是辛弃疾的《青玉案·元夕》,这首词生动地记述了南宋时的灯会盛况。这是一个极富游乐性质的群体节俗活动,也是中华民族古

火牛花灯

老文化的一种沿袭。

随着社会的发展，人们也不仅局限于在元宵前后赏灯，在我国的传统节日中，处处可以看到灯会的影子。

灯会始于汉代，兴于唐代，盛于宋代。

春节刚过，人们迎来的便是传统节日元宵节。这个节日最突出的景观，就是围绕张灯、赛灯、赏灯等一系列灯事活动而展开，因而也称"灯节"。

早在2000多年前，汉武帝就"结灯为山，祭祀太乙"。关于灯会的由来，民间还有许多传说。

关于灯会的起源，还有的人说源于晚唐时期。

"年年岁岁花相似，岁岁年年灯不同"，商品经济、自然科学与文化产业的发展，对推动灯会的发展起到了重要作用。

《隋书》上说：

■凤凰花灯

每当正月，绵亘八里，列为戏，百官起棚夹路，从昏达旦，光烛天地，自是每年以为常焉。

由此可见，隋朝便形成了灯会。在隋朝，受佛教的影响，元宵节除点灯笼之外，还特制一种灯轮，或称花树，轮上还挂若干盏彩灯，是灯会的主要供具。

佛教 与基督教和伊斯兰教并列为世界三大宗教，由古印度的迦毗罗卫国的王子悉达多创立，他姓乔答摩，因为他属于释迦族，人们又称他为释迦牟尼佛，意思是释迦族的圣人。

青玉案 词牌名，取于东汉张衡的《四愁诗》"美人赠我锦绣段，何以报之青玉案"的诗句，又名《横塘路》《西湖路》。双调67字，前后阕各五仄韵，上去通押。辛弃疾、贺铸、黄公绍、李清照等人都写过青玉案。

麒麟花灯

隋炀帝一反其父的做法，将元夕灯节的规模、场面都提升到空前的程度。

《资治通鉴·隋纪》中写道：正月十五夜晚洛阳端门一带"戏场默默五千步，执丝竹者万八千人。声闻数十里，自昏至旦，灯火光烛天地，终月而罢，所费巨万"。由此可见，我国的元宵灯节在隋代已经基本定型。

唐朝是我国封建社会的鼎盛时期，经济发达，文化昌明，国力强盛。元宵节在这样的社会背景下，得到了进一步发展。唐代的史籍称灯节为灯影之会，自此，元宵灯节则又称灯会、元宵灯会了。

唐朝的皇帝们为了显示与民同乐，不仅是元宵灯节、灯会的决策者、倡导者，而且是积极的参与者。不仅自己微服逛街观灯，而且还允许皇亲国戚及臣僚观灯。元宵节各官署都要停止办公。

711年元宵灯会，长安安福门楼门外的灯轮高达20丈，披饰锦绣，镶嵌金玉，点灯5万余盏，如同一株高大的灯树，光焰四射。宫女千余人载歌载舞，成一代盛观。唐睿宗及皇宫嫔妃们均在门楼上观赏。

唐玄宗时，这位颇有才气的皇帝更注重灯品的精巧、灯会的排场和娱乐的多样化。《广德神异录》记载，每年灯节，玄宗下令"大张灯彩，自禁中至殿庭皆设蜡炬，连属不绝，洞照宫殿，荧煌如画"。

在元宵灯节之后，玄宗还"张临光宴、白露转花、黄龙吐水、金凫银燕、浮光洞、攒星阁，皆灯也"。

尤其令人叹为观止的是，掌握皇宫内营造杂活的尚方司工匠毛顺，巧思独运，技艺精湛，用竹竿缚以彩绸，扎成灯楼12间，高达150尺，缀悬珠玉金银，上扎各类兽形灯，或龙凤，或虎豹，栩栩如生。

微风徐来，金玉交响，龙腾虎跃，光彩熠熠，闻者蜂拥而至，流连忘返，无不盛赞其巧夺天工。

诗人卢照邻的诗《十五夜观灯》生动地描写了元宵灯会的盛况：

锦里开芳宴，兰缸艳早年。
缛彩遥分地，繁光远缀天。
接汉疑星落，依楼似月悬。
别有千金笑，来映九枝前。

由此可见，在唐代，赏灯活动更加兴盛，皇宫里、街道上处处挂灯，还要建立高大的灯轮、灯楼和灯树。

阅读链接

唐代的元宵灯节、灯会中，制灯工艺更趋精美，文化内涵更为丰富，远非前代所能比拟。

唐代刘肃所撰的《大唐新语》记载："神龙之际，京城正月望日，盛饰灯影之会。金吾驰禁，物许夜行。贵游戚属，及下隶工贾，无不夜游。车马骈阗，人不得顾。王主之家，马上作乐以相夸竞。文士皆赋诗一章，以记其事。作者数百人，惟中书侍郎苏味道、吏部员外郎郭利贞、殿中侍御史崔液三人为绝唱。"

这正是唐代灯节的雅致之处和文化氛围之所在，元宵之夜竟有数百名诗人竞相赋诗，其规模之大，佳作之多，是前代难以达到的。

宋代元宵灯会盛况空前

宋代在科学技术方面取得了举世瞩目的成就,火药、指南针、印刷术等重大发明,为人类文明和社会进步,做出了卓越贡献。

宋代文学艺术也开创了全新的历史时期,元宵灯节、灯会也是科学文化的一种载体,自然也得到了极大的发展。

石狮花灯

据《燕翼贻谋录》记载:"太祖乾德五年……诏令开封府更放十七、十八两夜灯,后遂为例。"

这就将唐代开创的元宵灯节的放灯由3天增加为5天,元宵游观之盛前所未有,城乡张灯之广遍及全国。连小集镇元宵张灯也要在土地庙前扎小鳌山。朝廷对士民观灯更持鼓励的态度,规定:凡来御街观灯者,赐酒一杯。

■ 飞马花灯

宋朝元宵灯会时间之长，规模之大，景观之瑰丽，灯具之奇巧，又超越了前代。

宋朝元宵张灯，其代表作是鳌山灯。

鳌山是上古神话传说中的海中高山。据《列子·汤问》记载：

渤海之东有大壑，其下无底，中有五山，常随波上下漂流，天帝令十五巨鳌举首戴之，五山才兀峙不动。

宋代元宵灯节，京城、州府普遍以这一传说立意，设计大型鳌山灯组，其构思既与传说关联又有变通，大型鳌山造型通常为一只或数只巨鳌背负山峦，

列子 战国前期思想家，是老子和庄子之外的又一位道家思想代表人物，与郑缪公同时代人。主张清静无为。《列子》又名《冲虚真经》，于公元前450至公元前375年所撰，是道家的重要典籍。全书共记载民间故事寓言、神话传说等134则，是东晋人张湛所辑录增补的，题材广泛，颇富教育意义。

■ "福"字花灯

伶官 封建时代称演戏的人为伶，在宫廷中授有官职的伶人，叫伶官。后唐庄宗李存勖取得政权后，荒淫腐化，癖好音律，宠用伶人景进、史彦琼、郭门高等，让他们做官掌权，以致败政乱国，只做了3年皇帝便身死国灭。

屏风 古时建筑物内部挡风用的一种家具，所谓"屏其风也"。屏风作为传统家具的重要组成部分，历史由来已久。屏风一般陈设于室内的显著位置，起到分隔、美化、协调等作用。

山上荟萃千百盏华灯，还有山石、树木齐备，点缀以佛、仙、神的雕塑、绘画等。

山上可容乐工伶官奏乐，山前设有大露台，供歌舞演出或工艺品展示。

鳌山灯气势恢宏，体积巨大，叠翠堆金，浮光耀影，常为灯会压轴之作，寓含"江山永固，长治久安"之意。因此帝后、嫔妃、臣僚都要在特定的时辰观赏鳌山灯。

宋代元宵灯节的另一个特点是灯品材质更趋多样，制作更趋精巧。"自非贫人，家家设灯，有极精丽者"。

心灵手巧的制灯人，往往将兽角、翎毛、琉璃、皮革、丝绸巧妙运用，将灯造成牡丹、莲荷、曼陀罗等花卉的形状，更有车舆灯、屏风灯、佛塔灯、鬼子母灯等，还有鲸灯、玉灯、石灯、琉璃灯、缀珠灯、羊皮灯、罗帛灯等。

有用犀珀或玳瑁装饰灯圈、灯座。玉灯则多由白玉组成，石灯为进贡之物，琉璃灯用五色琉璃制作，其上品为无骨灯。无骨灯没有圈骨，圈片浑然一体，上面可绘饰龙综、鱼纹等图案，分光叠翠，效果良好。

缀珠灯以五色珠为网，下垂流苏，飘逸亮丽。

羊皮灯就是在羊皮上精镂细刻并用影戏的方法来妆染做成的一种皮影灯。

罗帛灯之类尤多，或为百花之形，或成网眼之状，间以红白二色，名为"万眼罗"的最为珍奇。

在宋代灯节上，机械传动的大型灯组逐渐增加。

在开封，有人更用辘轳把水引到灯山最高处，用大木柜贮放，到时放下，形成大瀑布状，又用草把扎缚成巨龙，草上密置灯烛数万盏，一见之下，蜿蜒腾挪，如双龙飞走。

《东京梦华录》中记载，曾用彩带扎成文殊菩萨、普贤菩萨跨狮子、白象像。又在文殊、普贤手指间出水五道，还能让手指摇动。还记载了在宫廷做琉璃灯山，高达5丈，其中的人物都用机关控制，并扎

"春"字花灯

■ 盘龙花灯

成大彩楼装着。

宋代灯会上,更将模型景观的制作工艺,推向一个新的高峰。赵忠惠守吴日,曾组织制作出春雨堂五大间的灯组。灯楼上汇聚了北宋、南宋两京具有代表性的景物,气势磅礴,瑰丽多姿。

宋代灯节中,还出现了不少后世皆效法承袭的灯品灯组,将灯放置在护城河上组成灯桥,在闹市区街上空悬挂彩索,将灯悬挂在上面组成过街灯。《东京梦华录》中说:"以缯彩结束,纸糊百戏人物,悬于竿上,风动宛若飞仙。"

由此可见,机械装置已经在当时被大量运用了。

自宋代开始,元宵灯会上的艺术活动大大增加,形成了万众参与的大众文化活动,有"百艺群工,竞呈奇技"的局面。

每当灯会时,就有市民社团及艺人上街化装游行,表演各种舞蹈、杵歌、傀儡、竹马等节目。

《武林旧事》说,一些人家还"闲设雅戏烟火,

《东京梦华录》 宋代孟元老的笔记体散记文,是一本追述北宋都城东京开封府城市风貌的著作。所记大多是1102年至1125年间北宋都城东京开封的情况,为我们描绘了这一历史时期居住在东京的上至王公贵族、下及庶民百姓的日常生活情景。《东京梦华录》共10卷,约30000字。

花边水际,灯烛灿烂,游人士女纵观,则迎门酌酒而去"。山灯有几百种,而且极具新巧,无所不有。在这种灯的大世界中,灯市应运而生,灯谜呼之而出。

当时的元宵灯节,既有自上而下的组织,又有自下而上的参与;既有朝野同乐,举国同欢的一面,又有兴师动众,民力不堪负载的一面。

宋代元宵之夜的灯市,更是盛况空前。苏东坡有诗云:"灯火家家市,笙歌处处楼。"

南宋都城临安,最初只是一些大街旁的茶馆,在元宵节时悬挂花灯售卖,如此数年,渐成气候,遂形成了灯市。灯市一般在元宵节前数天开始。

为了使灯市热闹起来,京尹每年都派人到灯市上巡视,根据各家商铺所悬挂的花灯数量,配给一定的蜡烛、灯油及费用。

到了正月十五,京尹会亲自前往灯市,其随行者会携带一只装满了纸币的口袋,给灯市上的游动小贩

《武林旧事》
周密撰,成书于1290年以前,是一部追忆南宋都城临安城市风貌的著作。作者按照"词贵乎纪实"的精神,根据目睹耳闻和故书杂记,详述朝廷典礼、山川风俗、市肆经纪、四时节物、教坊乐部等情况,供了解南宋城市经济文化和市民生活,以及都城面貌、宫廷礼仪,史料丰富。

■ 丰收花灯

> **《水浒传》** 施耐庵著，又名《忠义水浒传》，简称《水浒》，作于元末明初，是我国四大名著之一。《水浒传》也是汉语文学中最具备史诗特征的作品之一。是我国历史上最早用白话文写成的章回体小说之一，对我国乃至东亚的叙事文学都有极深远的影响。

发红包，以感谢他们对灯市繁荣所做出的贡献，这叫作买市。

为了保证赏灯百姓的安全，地方官员在安保方面也是下足了功夫。每年的灯会期间，坊间的繁华热闹地带，都点有巨烛或松柴作为路灯，有兵卒站在一旁维持秩序。

路灯旁边还会押着几个罪犯示众，身上写明此人犯罪的缘由。如偷抢妇女头上的钗环首饰，或者举止不端，趁着人多，在妇女身边耍戏等。

其实这些人之前就已犯罪被关押于狱中，将之押出来示众，目的是警戒作奸犯科的人，尽可能地将罪案扼杀在萌芽状态。

南宋的皇帝对灯会也非常支持。每年元宵节的二鼓时分，皇帝就会乘着小车，带领后宫嫔妃到宣德门上观赏鳌山。

鳌山的规模，在《大宋宣和遗事》中有明确记载，到了冬至这天，开始动手造鳌山高灯，灯高16丈，宽265步，中间还有两条鳌柱。

在《水浒传》中，李逵闹东京的背景描写，或许就是取材于这些生活情节。

皇帝赏灯的时候，京尹

■ 锦鲤花灯

会让一批经过挑选，衣着干净、食品卫生的小商贩，或者找来唱歌动听、舞姿曼妙的艺人，在宣德门外等候。

皇帝会宣召这些人到楼上表演，妃嫔内人也纷纷购买商贩制作的零食。

由于不了解价格，她们的花费往往要比常人高出数倍，甚至有商贩因此一夜暴富。

除此之外，临安的一些大户人家，也在家中的花园水榭中布置各式花灯，并且开门任人游览，还备以酒菜款待，以显示自己的家势昌盛。

而那些居于幽坊静巷的小户人家，也在门前挂设数盏五色琉璃泡灯以应节，远远看去，倒也别有一番景致。

彩色的宫灯

阅读链接

北宋时期，政治家蔡襄守湖州，为了在元宵节拼凑太平盛世的场面，竟命令不管家贫家富，民间每家每户上元夜必须点灯7盏。

一些过度奢华的灯会也有负面影响。当时有一个叫陈烈的人，做了一个长一丈多的大灯，并写了一首诗在上面，诗道：富家一盏灯，太仓一粒粟；贫家一盏灯，父子相聚哭。风流太守知不知，尤恨笙歌无妙曲！

元明两代灯文化趋于民间化

宋代灯会具有浓重政府色彩，元代和明代的灯会，则已演变成了纯粹的市场行为。

每年的正月初十至十六，各地的客商和巧匠就会云集京城，将自

茶壶花灯

■ 文龙灯笼

已制作的花灯拿到东安门外迤北大街售卖。其实，在这短短的数天里，不仅是花灯制作工艺的比拼，也是经商实力的比拼。

明代灯文化的发展沿着民间化、大众化的方向发展，元宵灯节以绚丽多彩的风姿展示了人民群众的聪明才智和民俗民情。

人们不仅以张灯观灯为乐，而且以灯多灯好斗胜争强，元宵灯节成了制灯扎灯艺术的赛会。因此，许多城市乡镇都设有灯棚。场面宏大，灯彩奇巧。

京城靠近灯市的商铺和住房，每年到了灯市开市的时候，租价就会翻番，要比平时贵上数倍，如果不是生意做得特别大的商人，轻易不敢问津。

另外，灯的式样繁多，工艺水平也不断地提高，有镶嵌珍玩珠宝的灯，也有从邻国或海外购买的灯，引来的观赏者络绎不绝。其中有一些价格高的灯，一

金陵 南京的别称。历史名城南京，在漫长的岁月中曾经有过很多名称，其中最响亮的名字莫过于"金陵"了。时至今日，金陵仍是南京最雅致的别称。金陵是南京最雅致而古老的正式名称，一直沿用至今。其来历，一般认为因南京钟山在春秋时称金陵山而得名。

礼部 古代官署，南北朝北周始设。隋唐为六部之一。历代相沿。长官为礼部尚书。管理全国学校事务及科举考试及藩属和外国往来等事。礼部下设四司，明清时期为仪制清吏司、祠祭清吏司、主客清吏司和精膳清吏司。

盏就要卖上千两银子呢。

明太祖朱元璋建都南京后，招来天下富商，迁居金陵，举办灯市，市场长10里左右，出售许多各式各样的花灯及节令物品，使元宵灯节的商贸活动达到了前所未有的规模。

1409年，明成祖朱棣在给礼部诸臣的圣旨中说：

<blockquote>自正月十一开始，其赐元宵节十日百官朝参不奏事，有急事具本封进取处分。听军民张灯饮酒为乐。</blockquote>

自此，元宵节的假日游庆时间，达到了历史上最长的节假期。

■ 轮船花灯

▪ 火龙出水花灯

上元之日,明朝的太监们都要穿上制有灯景图案的褂子。禁中乾清宫前,每日白天放炮,晚上要点燃鳌山。

1433年上元节,张灯西苑,明宣宗朱瞻基奉皇太后之命前往视察,皇后、皇太子都侍候一起前去。并命文武群臣及外国驻京使节前去观看。

在当时,元宵节期间的农村,以灯彩为主要内涵,举办节日娱乐活动。

刘侗、于奕正在《帝京景物略》中记载道:

> 十一日至十六日,乡村人缚秫作棚,周悬杂灯,地广二亩、门迳曲黠,藏三四里,入者误不得迳,即久迷为出,曰:九曲黄河灯也。十三日,家以小钱一百八枚,夜灯

于奕正 明代宛平县人,字司直。他喜好山水金石,著有《天下金石志》,并与刘侗合撰《帝京景物略》一书。于奕正曾写过一篇《钓鱼台记》,堪称明代游记中的上乘之作。他的代表作品有《天下金石志》《帝京景物略》《钓鱼台记》。

曹雪芹（约1715年～1764年），名霑，字梦阮，号雪芹，又号芹溪、芹圃。我国清代小说家。素性放达，爱好及研究广泛。在人生的最后阶段，他历经10年创作了《红楼梦》并专心致志地做着修订工作，死后遗留《红楼梦》前80回稿子，代表了我国古典小说的最高成就。

之，偏散并灶门户砧石，曰：散灯也，其聚如萤，散如星。富者灯，四夕；贫者一夕止。

可见，在老幼皆宜的灯会群众活动中，连儿童们也积极参与。在灯会之时，常有儿童组织的游行队伍，手执手提各种动物灯、花卉灯，唱着童谣过市，一派热闹太平的景象。

到了清代，满族入主中原，宫廷不再办灯会，民间的灯会却仍然壮观，只是灯会日期缩短为5天。这种习俗一直延续到今天。

清代沿袭明代旧习，元宵灯节的文化娱乐活动更加丰富多彩。正月十五及前后两天，清宫及北京全市均悬灯庆贺节日。

在宫中，不仅张挂各式华贵的宫灯，而且冰灯也进入了宫廷陈列。

■ 巨型印章花灯

■ 房檐下的灯笼

《冰灯联句》记录了当时灯会的盛况：

> 上元夕，西厂舞灯、放烟火最盛。清晨先于圆明园宫门列烟火数十架，药线徐徐引燃，成界画栏杆五色。每架将完，中复烧出宝塔楼阁之类。并有笼鸽及喜鹊数十在盒中乘火飞出者。……舞罢，则烟火大发，其声如雷霆，火光烛半空，但见千万红鱼奋迅跳跃于云海内，极天下之奇观矣。

清代的元宵灯节上，赛马与马术、焰火的奇幻都在前代之上，而3000人的执灯表演，实际上是现在的团体操了，也是此前未有过的。

曹雪芹在《红楼梦》第十七、十八回中，描写了大观园中的元宵灯节盛景。小说中的大观园当然是虚

《红楼梦》原名《石头记》，曹雪芹著，我国古典四大名著之一。因当时社会环境和手抄流传，仅保存80回，版本很多。通行本的后40回高鹗续。此书是一部具有高度思想性和艺术性的伟大作品，作者根据家族兴衰的艺术升华，对封建科举制度、包办婚姻、等级制度及社会统治思想等都进行了深刻的批判。

云龙花灯

构的，但曹雪芹所写，应该是清雍正乾隆时期官府灯节的缩影。

小说描写贾元春由皇帝恩准，于正月十五上元之日回家探亲，写道：

展眼元宵在迩，自正月初八日，就有太监出来先看方向：何处更衣，何处燕坐，何处受礼，何处开宴，何处退息。

元夕之夜，贾元春回家探亲进了大观园，"只见院内各色花灯烂灼，皆系纱绫扎成，精致非常"。"园中香烟缭绕，五彩缤纷，处处灯光相映，时时细乐声喧，说不尽这太平气象，富贵风流"。这些生动描写，形象地反映了当时灯会的盛况。

阅读链接

到了明代，灯的式样新颖繁多，更有镶嵌珍玩珠宝的灯，也有从邻国或海外贩回来的灯。

明人蒋一葵在《尧山堂外纪》中记载了这样一个故事：明朝年间的元夕灯节，京城有工匠用糯汁烧成琉璃瓶，然后制成花灯。花灯可以贮水养鱼，旁边映衬烛光，透明可爱。黄岩人王古直花重金买了一盏花灯，爱不释手，终日耍玩。有天一不小心，他将琉璃瓶碰到地上，摔了个粉碎，悲叹道："吾平生家计在此，今荡尽矣！"

明代花灯的精巧程度、价值几何，从这个故事中可知一二。

荟萃众家之长的成都灯会

成都灯会是在元宵赏灯习俗的基础上发展起来的一种传统的民间娱乐活动。

南宋诗人陆游在《丁酉·上元》诗中描述成都灯会盛况：

突兀球场锦绣峰，游人仕女拥千重；
鼓吹连天沸午门，灯山万炬动黄昏。

成都灯会

■ 九龙壁花灯

青羊宫 川西第一道观，坐落在成都西南郊，南面百花潭、武侯祠，西望杜甫草堂，东邻二仙庵。相传宫观始建于周，初名为"青羊肆"。三国时取名为"青羊观"。到了唐代改名为"玄中观"，在唐僖宗时又改"观"为"宫"。五代时又改回"青羊观"，宋代又复名"青羊宫"，沿用至今。

成都一年一度的灯会在青羊宫举办，这一古老的民间习俗在成都得到了很好的展现，可谓精彩纷呈。

成都灯会究竟能追溯到哪个年代，现尚无定论。从有关的文字资料来看，在东汉顺帝时，沛国丰人张道陵在四川鹤鸣山创五斗米道举行的燃灯祭斗仪式，要算迄今为止最古老的原始灯会。

在汉晋时期，每逢春月花开时，蜀郡的统治者都要"纵民游乐，嬉戏西园"，同时灯红火耀，以粉饰太平。

唐人的《放灯日记》中有唐明皇在天宝十五载，即756年，安史之乱时逃到成都，与道家大法师叶清善上街观灯的记载。

前蜀皇帝王建常出游浣花溪，自夜达旦，当时也不定日放灯。后蜀皇帝孟昶曾在上元节到露台观灯。

《四川成都府志》上记载：

> 开宝二年，命明年上元放灯三夜，自是岁以为常。十四、十五、十六三日，皆早宴大慈寺，晚宴五门楼，甲夜观山棚变灯……街道灯火之盛，以昭觉寺为最。

由此可见，灯会的规模又日渐扩大了。

陆游在《汉宫春·初自南郑来成都作》一词中还有"何事又作南来，看重阳药市，元夕灯山"记述。

元代的四川，因连续20年的战争，赤地千里，十屋九空。但据当时的费著写的《岁华纪丽谱》查证，元宵佳节时，大慈寺仍是统治者张灯游乐之处。灯会结束后，往往还要举行一个残灯会。

到了明代，灯会又沿袭唐代，并在灯会期间招来

> **大慈寺** 位于四川成都，创建于唐代，唐玄宗曾赐额"敕建大圣慈寺"。大慈寺历经兴废，多次毁于兵火。后世所存诸殿是清顺治至同治年间陆续重建的。在唐宋之际，寺以壁画著称，苏轼誉为"精妙冠世"。寺宇宏丽，院庭深广，是成都著名古寺。

■ 孔明头像花灯

竹枝词 一种诗体，由古代巴蜀间的民歌演变而成。唐代刘禹锡把民歌变成文人的诗体，对后代影响很大。竹枝词在漫长的历史发展中，作品大体可分为3种类型：一类是民间歌谣；二类是由文人创作的有浓郁民歌色彩的诗体；三类是七言绝句，这一类文人气较浓，仍冠以"竹枝词"。

天下富商，大办物资交流活动。入夜则放灯，伴之鼓吹杂耍。当时的情景，想必是非常热闹。

清初的《华阳县志·风俗》说：

> 灯有狮、龙竹、走马、鳌山、采莲船等名……结棚张灯，光明如昼。

《锦城竹枝词》中也有"上元灯会搭灯棚，走马鳌山数万擎"的描述。当时已经出现了几丈高的鳌山灯、戏文故事灯、琉璃灯和紫檀灯等多种精巧的工艺彩灯。

成都灯会，除了融各地之长外，还兼以造型的优美，做工的精致与立意之新颖见长。

现今彩灯艺人们除选用传统的竹、藤、绸缎、金属和白糖、玻璃、蚕茧、贝壳、瓷器等材料外，

■ 仙人造型花灯

同时还不断采用现代的激光、声控、电脑程控等新技术、新工艺，使成都彩灯格外璀璨夺目，绚丽多姿。

尤其是以成吨食糖、上万件瓷器和玻璃瓶制成的巨型灯组，更是令人耳目一新和叹为观止，被称为成都灯会三绝。

成都彩灯表现的题材非常广泛，既有我国古典文学，又有西方名著；既有民间传说故事，又有飞禽走兽和奇花异草。

成都彩灯融形、色、声、光、高、大、新、精和艺术性、知识性、趣味性为一体，人们称赞它是"绚丽的诗，立体的画、有声的雕塑，流动的音乐"。

后羿造型花灯

阅读链接

20世纪早期的成都灯会除了元宵灯会外，还有夏日的荷花灯会，秋日里的菊花灯会等，其中仍数元宵灯会最热闹。此后，灯会逐渐移到西南郊的青羊宫，并作为传统的民间盛会延续到今天。

成都彩灯在长期的发展中，融汇众家之长，形成了自己独特的艺术风格和精湛的制作工艺。

灯会往往以精巧的制作反映鲜明的地方特色和强烈的时代精神，如北方灯的古朴典雅，苏杭灯的雍容华贵，福建广州灯的富丽堂皇，哈尔滨冰灯的冰清玉洁等，都各有其鲜明的地方特色。

传承两千多年的灯文化意蕴

火为灯之源,灯为火之英。相传,从燧人氏钻木取火时期起,就是中华民族繁荣昌盛的开始。

以火为灯,灯光明亮,以彰繁荣,所以说灯为火之英。有灯便出会,三朋四友,聚集灯前,觥筹交错,举酒诗兴,纵论古今,这可能是人间岁岁年年举办灯会的缘由了。

香炉彩灯

在我国历史和文化当中,灯的寓意占据着重要的地位,用途也非常广泛。元宵灯会也可以说是中国人的情人节。

到了宋代,人们十分重视元宵节,赏灯活动十分热闹,赏灯活动要进行5天,灯的样式也更加丰富。到了明代,则要连续赏灯10天,这也是

■ 城楼彩灯

我国最长的灯节了。

清代赏灯活动虽然只有5天，但是赏灯活动规模很大，盛况空前，除燃灯之外，还放烟花助兴。

随着时间的推移，元宵节的活动越来越多，不少地方节庆时增加了耍龙灯、耍狮子、踩高跷、划旱船、扭秧歌、打太平鼓等传统民俗表演。

这个已有2000多年的传统节日，不仅盛行于海峡两岸，就是在海外华人的聚居区也年年欢庆不衰。

唐代的灯市还出现了乐舞百戏表演的场面，还出现了成千上万的宫女、民间少女在灯火下载歌载舞的盛况，这叫作行歌或踏歌。

在台湾，还有未婚女性在元宵夜偷摘葱或菜，借此期待自己将会嫁到好丈夫的传统习俗，希望婚姻美满，期待未来家庭幸福。

耍龙灯 也称"舞龙"，"龙灯舞"，是我国独具特色的传统的民间娱乐活动。"耍龙灯"在我国汉代民间就已相当普遍了。唐宋时期的"社火""舞队"表演中，"耍龙灯"已是常见的表演形式。"耍龙灯"的表演，有"单龙戏珠"和"双龙戏珠"两种。在耍法上，特色不一。

> **吴用** 字学究,是《水浒传》中的人物,梁山排名第三。满腹经纶,通晓六韬三略,足智多谋,常以诸葛亮自比,道号"加亮先生",人称"智多星"。与晁盖等人智取生辰纲,为避免官府追缉而上梁山。为山寨的掌管机密军师。梁山几乎所有的军事行动都是由他一手策划的。

宋代文学家欧阳修在《生查子》中有云:

去年元夜时,花市灯如昼;
月上柳梢头,人约黄昏后。

著名词人辛弃疾在《青玉案》中写道:

众里寻她千百度,蓦然回首,那人却在灯火阑珊处。

这些是描述元宵情境的古代佳作。而传统戏曲陈三和五娘是在元宵节赏花灯相遇而一见钟情,乐昌公主与徐德言在元宵夜破镜重圆,《春灯谜》中宇文彦和影娘在元宵定情。所以灯节也是中国的情人节。

■ 牌坊彩灯

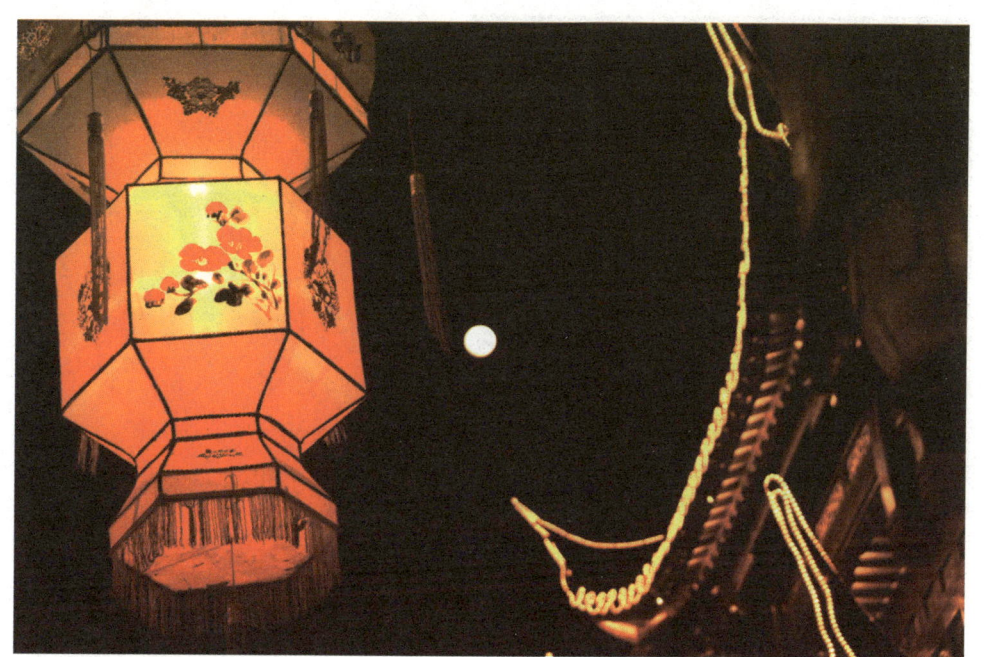

■ 明月下的彩灯

以明火燃点为灯，而取光明，在我国流传有几千年了。古《辞源》对灯的解释是"焚骨以取光明者也"，它驱走黑暗，变夜为昼，可见灯是征服黑暗的勇士。

民间曾流传着许多关于灯的神话和传说。传说那月宫的嫦娥每晚提灯出来照亮人间。传说佛殿的宝莲灯，帮助三圣母和沉香母子团圆。

《水浒传》中的吴用利用元竹灯市人潮如涌来做掩护，智取大名府。宋将马知节，镇守边关，在元宵节开灯会摆酒宴，吓退了前来进攻的敌军；又如名将狄青正月十五夜用灯会、酒宴麻痹敌人，狄青席间称病暂退，趁敌不备，夺取了昆仑关。

广东省东莞的榴花塔灯，更有一番讲究。据说在宋朝末年，元兵南侵，宋将熊飞败至广东东莞原籍，组织乡民坚守在榴花堡山头，英勇抗击元兵，战至弹

《辞源》 一部语文性辞典。收录内容一般止于1840年以前的古代汉语、一般词语、常用词语、成语和典故，兼收各种术语、人名、地名、书名、文物和典章制度。单字12890个，复词84134条。全书单字条由字头、汉语拼音、注音字母、广韵反切、声纽、释义、书证等组成。

华表彩灯

尽粮绝,最后壮烈牺牲。

后人为纪念这件事,在山顶上修建了七级宝塔。中秋登塔挂悬彩灯数百盏,光辉夺目。后来,民间艺人仿照这个宝塔形象扎成彩灯,以寄托哀思和美好愿望。

史载汉晋之时成都城楼下,每逢春月花开时,蜀郡统治者都要纵民游乐,张灯结彩,以显繁荣。

"初唐四杰"之一的卢照邻《观灯诗》中所写"锦里开芳宴……繁光远缀天……"等句,则记叙了当时灯会之盛大、社会之繁荣。

自从有了电,灯会发展到了一个崭新的阶段。日新月异的科学技术,不仅使"火树银花不夜城"的景象已远远满足不了观众的要求,还使得一般的声、色、形、光、动的景象也得不到观众的喝彩了。

因此,灯会总是需要与时俱进才能创造出新的景象与新的繁荣,才能推进灯会的大发展。

阅读链接

元宵节也是一个浪漫的节日,元宵灯会在封建的传统社会中,也给未婚男女的相识提供了一个很好的机会。

在我国古代,思想较为传统,女人要遵守三从四德,当然,这些都是封建糟粕。在旧社会,年轻的女孩不允许出外自由活动,但是过节的时候却可以结伴出来游玩。元宵节赏花灯正好是一个交谊的机会。

未婚男女借着赏花灯的时机,顺便可以为自己物色可心的伴侣。所以元宵灯节期间,又是男女青年与情人相会的时机。

博大精深

灯谜文化

猜灯谜又叫打灯谜,是元宵节时人们饶有兴趣又喜闻乐见的一项活动。

灯谜最早出现在宋朝。到南宋时,每逢元宵节,首都临安制谜、猜谜的人就有很多。他们把谜语写在纸条上面并贴在彩灯上让人们猜。灯谜大多轻快活泼、诙谐风趣,深受社会各阶层的欢迎。

灯谜的产生与发展,极大地丰富了灯会的文化内涵,提升了灯会的魅力。

由夏朝歌谣演变而来的灯谜

灯谜是我国劳动人民智慧的结晶，是中华民族一门传统的综合性艺术。早在夏朝，就出现了一种用暗示来描述某种事物的歌谣。

随着人类社会的进步和科学文化的发展，到了春秋战国时期，这种歌谣发展、演变成廋辞，也称隐语。

当时列国纷争，人们在进谏时，往往都用隐语道出自己的意见，使君王从中得到启发。

"廋辞"两字最早见于左丘明《国语·晋语》："有秦客廋辞于朝，大夫莫之能对也。"可见那时的这些廋辞和隐语，就是我国灯谜的雏形。

这里讲的是发生于公元前542年的事，虽然没有记录

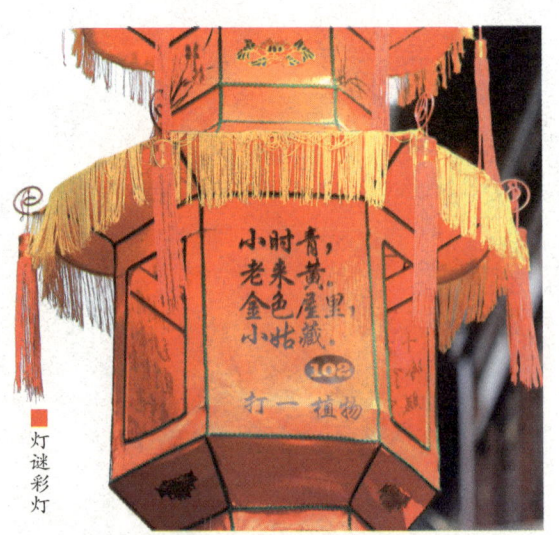

灯谜彩灯

■ 象征丰收的彩灯

下秦客廋辞的具体内容，但由此可见，春秋时期，廋辞已作为外交斗争的一种形式而登上了大雅之堂，在统治集团高级官员中运用了。

隐语比廋辞较晚出现，如同廋辞一样，也是以形象生动的评议来隐示事物，因而十分流行，上到诸侯将相，下至平民百姓，几乎人人都喜欢隐语。

在当时，有些统治者喜隐言而不好逆耳之言，臣民若要讽谏朝政，就必须投其所好，利用隐语拐弯抹角地劝谏。在国家之间的政治斗争中，为了达到不可告人的目的，也往往用隐语掩人耳目，暗中通情。

韩非子《韩非子·喻老》和左丘明《左传·宣公十二年》，分别记载了楚庄王和申无畏以及还无社和申叔展用谜语作答的故事。

开始的谜，流行于口头说猜，三国时期有人把谜写在纸上贴出来令人猜对。直至南朝宋时文学家鲍照

《国语》 我国最早的一部国别体著作。它记录了周王室和鲁国、齐国、晋国、郑国、楚国、吴国、越国等诸侯国的历史。上起公元前990年，下至公元前453年，包括各国贵族间朝聘、宴飨、讽谏、辩说、应对之词以及部分历史事件与传说。

古代牛车彩灯

作"井""龟""土"3个字谜,并以《字谜三首》收入他的诗集后,才有了"谜"字一称。

在南宋,有一些文人学士为了显示才学,常在元宵花灯之夜,将谜条贴在纱灯上,吸引过往行人,因之又有了"灯谜"一称。

谜语在春秋时叫言隐、隐语、廋辞,在汉代叫射覆、离合、字谜,在唐代叫反语、歇后,在五代叫覆射,在宋代叫地谜、诗谜、戾谜、社谜、藏头、市语,在元代叫独脚虎、谜韵,在明代叫反切、商谜、猜灯、弹壁、弹壁灯、灯谜、春灯谜,在清代叫谜子、谜谜子、切口、缩脚韵、文虎、灯虎、春谜、灯谜等。真是叫法花样百出,但都寓含了深刻的意思。

我国著名古典文艺理论家刘勰在《文心雕龙·谐隐》中说:

自魏代以来,颇非俳优,而君之嘲隐,化为谜语。谜也者,回互其辞,使昏迷也。或体目文字,或图像物品,纤巧以弄思,浅察以炫辞。义欲婉而正,辞欲隐而显。

刘勰对谜语从理论上作了高度的概括，对谜语发展的历史，谜语的定义及其特征都作了深刻的分析和精辟的阐述。

民间谜语与灯谜不同，灯谜属于文义谜，而民间谜语除了少量字谜外，都是以事物的特征来隐射的，因此，民间谜语属于事物谜。

民间谜语主要着眼于事物的形体、性能、动作等特征，运用拟人、夸张、比喻等手法来描绘谜底，从而达到隐射的目的。

民间谜语的谜底范围比较窄，除了少量字谜以外，大多数是事物，如动物、植物、用物、人体器官、自然现象、人类行为等。它的谜面往往是山歌体的民谣，以四句形式出现较多，讲究押韵而有节奏，读之可以朗朗上口，而且形象生动，便于口头传诵。

由于民间谜语通俗易懂，故大多数适宜少年儿童猜射。因此，有时也把民间谜语称作儿童谜语。

《红楼梦》第二十二回说，在节日晚上，贾元春送来的灯谜及宝玉等孩子所作的灯谜都粘在屏上，让

> 刘勰　字彦和，南北朝时期著名的文学理论家。他曾任县令、步兵校尉、宫中通事舍人，颇有清名。晚年在山东莒县浮来山创办定林寺。刘勰虽任多种官职，但其名不以官显，却以文彰，一部《文心雕龙》奠定了他在我国文学史上和文学批评史上不可或缺的地位。

动物彩灯

绚丽的佛像彩灯

贾政猜出了不少。连贾母也都说了一个谜。可见，灯谜在当时是一项比较普遍的娱乐活动。

清中叶以后，谜风大盛，还涌现出了许多谜师。

世界各地的华人华侨都有灯谜活动及灯谜学术交流会，不断地促进着灯谜的发展。

阅读链接

在生产力还十分低下的西周以前，出现了谜语的语言现象，即富有隐喻和暗示性质的歌谣，如流行于商代的一首牧歌："女承筐，无实。士刲羊，无血。"

它运用了民间谜语的诡词法，牧场上的一对男女青年，女的拿筐，男的一剪一剪地剪着羊毛。"无实"和"无血"恰到好处，整首牧歌给人的印象是深刻的，既饱含情景交融，热情隽永和诗意，又不失矛盾诡辩、妙趣横生的谜味。

结合汉字结构的灯谜猜法

灯谜的猜法多种多样,主要有拆字法、离合法、增补法、减损法、半面法、方位法、参差法、移位法、残缺法、通假法、盈亏法、会意法等。

拆字法也称字形分析法,或增损离合法。它和会意法一样,是灯谜猜制两大法门之一。它利用汉字可以分析拆拼的特点,对谜面或谜底的文字形状、笔画、部首、偏旁进行增损变化或离合归纳,使原来的字形发生变化。这类谜往往虚实结合,须仔细推敲斟酌,才能求出谜底。

离合法是灯谜最常用的猜制手法之一。汉字字形结构复杂,

神像彩灯

■ 元宵节灯谜

孟浩然（689年~740年），我国唐代著名诗人，孟子的第三十三代孙。本名不详，字浩然，世称"孟襄阳"。浩然，少好节义，喜济人患难，工于诗。年40游京师，后隐居鹿门山，作诗200余首。孟浩然与另一位山水田园诗人王维合称为"王孟"。

字中有字，可分可合，变化多端。离合法正是利用汉字这种可以分解又能重新组合并能产生新意的特点来制作灯谜的。如"绿树村边合"，要求打一字，谜底当然是"林"。

谜面择自唐代孟浩然《过故人庄》，今运用别解法，如："树、村"二字偏旁都是"木"，为离；再将这两个边旁合起来成为"林"，为合。

又如："如今分别在断桥"，要求打一个《红楼梦》中人物，谜底是"娇杏"。先将"如"字分离成"女"和"口"，再分别放置在"断开的桥"即"木"和"乔"二字上，然后重新组合起来便成"娇杏"二字。

从汉字的特点出发，用离、合的方法做字谜，是从汉代发展起来的。这与汉代盛行图谶有关。刘勰说："离合之发，则明于图谶。"谶语就是借助于字的离合,用谜语的形式做政治预言。

汉末童谣:"千里草,何青青,十日卜,不得生!"这是一则暗隐"董卓当死"的谶语。其中"千里草"隐董,"十日卜"隐卓,用的就是拆字离合法。

增补法是根据谜面或谜底带有增加意义的字眼所做的提示,用增补字或者部首、偏旁、笔画的办法求得面底相互扣合。

谜面运用增补法的,如:"为中国多做一点贡献",要求打一字,谜底是"蜖"。这是将谜面别解成为"中国"二字多加"一"字和"、",结合起来就得出谜底"蜖"字。本谜中表示增加意义的字眼是"为、多做、贡献"。

增补法用于谜底的,如:"反",要求打四字常言,谜底是"吃现成饭"。这是将谜底别解为,如果在"反"字的偏旁出现一个"食"字,谜面就变成"饭"字。而"食"同义转换扣合"吃"。本谜中表示增加意义的字眼是"现"。

减损法是根据谜面或谜底带有减损意义的字眼的提示,从谜面或谜底中减去有关的字或偏旁、部首、笔画,然后使面底相互扣合。

古代生活场景彩灯

《论语》彩灯

谜面运用减损法的，如："明月当空人尽仰"一段中的"明"字，因"月当空"而损去"月"剩下"日"；后段"人尽仰"的"仰"字因"人尽"而损去"人"剩下"卯"等。谜底是"昂"字。

半面法也称"一半儿"谜。采用将谜面汉字各撷取一半部分的手法，而后拼成谜底，谜面大多数带有"半"字。

制作半面法谜应注意择面要自然浑成，不可硬凑。同时应注意合乎逻辑，不能模棱两可。例如以"半推半就"为谜面，它既可对"掠"又可射"扰"，犯了一谜多底的毛病，就不足取了。

方位法是按谜面文字笔画所指之东南西北、上下左右，内外边角等方位，将有关的字、偏旁、部首或笔画作相应处置，缀为底。这种谜贵在谜面典雅，技巧自然，废弃和撷取部分无斧凿痕迹。

参差法是利用汉字的笔画位置变更，无须增损，达到你中有我，我中有你，相互参差之目的。

移位法是依照谜面文字的修饰关系，再移动汉字笔画成谜底。

残缺法是通过谜面文字残缺组合成谜底。残缺的部位随谜意而定,残缺笔画有多有少,或一笔,或半截,或残边,或残角,灵活运用。如:"残花片片入画中",谜底是"毕"字,这是残去花字的大部分取两个"匕",画中扣"十",结合成"毕"字。

通假法是把谜面中的某个字,变今义作古义解释。也称"古通",这通假带别解成分,有些字还有异读成分。

盈亏法是取文字的笔画,或此多一笔,彼少一笔;谜底做巧妙的调整,谜面含义以顺理成章为妥。如:"多少心血得一言",谜底是"谧"字,以心字多一撇,血字少一撇,然后与言字偏旁组合。

会意法也称字义分析法,它和拆字法一样是灯谜猜制两大法门之一。它从谜面上的文字可能具有的含义去领会、联想、推敲、探索谜底,使谜面谜底经过别解按某种特定的含义相吻合。

除了上述介绍的12种方法以外,还有诸如:一谜多底、旧谜新猜、字字双谜、与虎谋皮、拟面征底、

> **会意** 六书之一。用两个或几个部件合成一个字,把这些部件的意义合成新字的意义,这种造字法叫会意,如"信"字。"人言为信","信"字由"人"字和"言"字合成,表示人说的话有信用。用会意法造出来的字就是会意字,它体现了我国文字的博大精深。

■ 哪吒闹海彩灯

仙乐师彩灯

拆底就面、谜面别解、谜面太泛、一字反义法、谜底别解、有典化无典和底面相克等。

　　一谜多底是指同一个谜面和谜目，却有多个不同的谜底的现象。如："兴会无前"，要求打一个字。这条谜，如果采用减损法来猜射，谜底是"公"字。这是将谜面别解成"兴会"二字没有（无）前面部分，剩下"八"和"厶"合成"公"字。

　　但如果采用方位法来猜射，谜底却是"佥"字。这是将谜面别解成如果把"兴会无"三字的前面部分（即 八、一）组合起来，便拼成一个"佥"字。

　　旧谜新猜是指借民间谜语为面，去猜射灯猜之底的一种新颖别致的灯谜猜射方法，是将民间谜语与灯谜两种不同的猜射方法有机地结合而形成的综合体。

　　旧谜新猜与灯谜重门格类似，它是先根格民间谜语的谜面揭出原来的谜底，再以这个谜底作为中介谜意，运用灯谜别解手法去猜射符合谜目要求的谜底。

字字双谜中的"字字双"原是曲词牌,古今许多谜人用它做谜面或谜底,从而形成一种灯谜表现形式。如果用字字双做谜面,谜底要求每字笔画组成皆成双数。字字双谜虽然由来已久,但谜味不够浓,扣合较浮泛,这是显而易见的。

灯谜界将灯谜命题创作称为"与虎谋皮",即按照选定的谜底和谜目,配制谜面。因为灯诵又称"灯虎""文虎",统称"虎",谜面自然就是"虎皮"了。

谜面别解是灯谜别解手法之一,指谜底文义取本义解,而谜面文义却取歧义解。

谜面太泛是说在制谜过程中,一底多面的情况是相当多的,但必须取材不同,刻画各异。同一扣法的面句,不能随便更改词语;反之,同一取材,如既可用这句,又可用那句,谜面的内容怎样改变,都同样扣得住谜底。这种情况称为"谜面太泛"。

> **字字双** 曲牌名,又名宛转曲。平韵格,单调,28字,4句,四平韵。始见于杨慎《词品》卷二,署名王丽真,因每句有叠字,故名。如唐朝王建的《字字双·宛宛转转胜上纱》:宛宛转转胜上纱,红红绿绿苑中花。纷纷泊泊夜飞鸦,寂寂寞寞离人家。

■ 天宫仙人彩灯

一字反义法是指谜面是一个字，谜底也是一个字，但谜底的单字能拆开以反面的意思烘托谜面。如："武"字打"斐"字（非文），"男"打"嫫"（莫女），"鬼"打"俳"（非人），"黑"打"皈"（反白），"乐"打"褒"（休哀）等。

谜底别解也称别解在谜底，是传统正宗的制谜法门，至今仍是人们最为常用的别解手法。它的主要特点是谜面文义取本义解，但谜底文字却取歧义解。

有典化无典是指谜面似乎是借用典故，实际上却布下谜阵，瞒天过海，用其文而避其义，通过对谜面进行别解，从而把谜底推出。如"细君"，要求打3个字口语，谜底为"小皇帝"。

"细君"的典故是：汉武帝赐肉给众位大臣，东方朔抢先拔剑割了一块肉，想带回家。武帝问他为什么，他说带回去给细君。细君是东方朔妻子的名字，后人遂以"细君"泛指妻子。

今撇开原典，将"细君"别解成"小君主"，以

> **大臣** 我国古代对尊贵的官员的称呼。如"大臣执政，不当收恩避怨""赵王与大将军廉颇诸大臣谋"。到清朝则代用为官号。如内官有总管大臣、军机大臣等，外官有参赞大臣、领队大臣等，特遣的称钦差大臣。到清代末年，清廷则把各部尚书都改为大臣，侍郎为副大臣。

■ 鹦鹉花灯

"细"扣"小","君"扣"皇帝",遂得出谜底"小皇帝"。

灯谜不仅是一项饶有趣味的文字游戏,有其知识性、趣味性、艺术性,而且也具有一定的宣传教育作用,有其思想性。

总之,对正面人物不能用贬义的谜面,对反面人物不能用褒义的谜面,这条界线还是要区分清楚的。

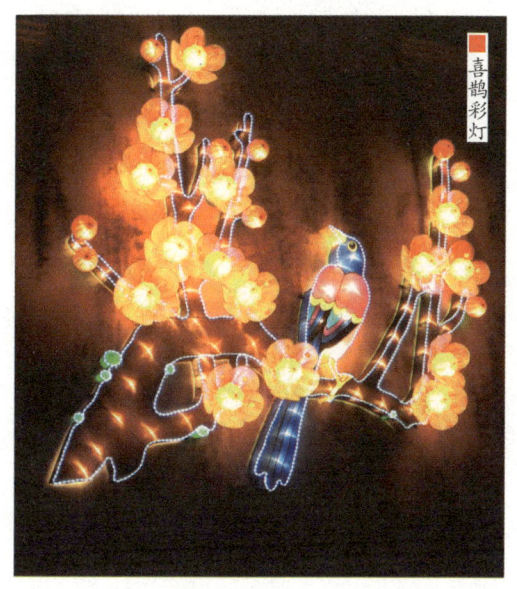

喜鹊彩灯

灯谜谜面与猜谜方法的多样化,足以体现汉语言文字的博大精深。由于汉语言文字博大精深,灯谜的猜法远不止于此。随着时代的进步,制谜更是达到了思想性与艺术性的统一,使得灯谜真正具有了社会价值。

阅读链接

灯谜设计谜面在讲究技巧和趣味的同时,还要考虑到底面之间的褒贬关系及其社会宣传效果,应赋予它健康、向上、积极的思想内容。

如果底面含义相矛盾,内容悖谬,褒贬失调因而与政治常识与思想常识相违背,就叫底面相克。

如以"千里姻缘"为谜面打法律名词"重婚",谜面本是褒意,谜底却扣出了"重婚"之罪。又如以"出口产品"打三字口语"不中用",谜底别解作"不为中国所使用",但面底一联系起来,似乎是说中国的"出口产品"是"不中用"的东西,这就不好了。对于人物的褒贬更应注意。

精巧玲珑的各地元宵彩灯

我国花灯是多种技法、多种工艺、多种装饰技巧、多种材料制作的综合艺术。

在众多精巧玲珑的花灯中，可分为两大类：一是千姿百态的动态表演性花灯，如狮子灯、龙灯、走马灯、鲤鱼灯、蚌壳灯等；二是琳琅满目的静态观赏性花灯，如苏灯、太谷灯、扬州瓜灯、佛山柚皮灯、宫灯等，巧夺天工，美不胜收。

花灯通常分为吊灯、座灯、壁灯、提灯等，它是用竹木、绫绢、明球、玉佩、丝穗、羽毛、贝壳等材料，经彩扎、裱糊、编结、刺绣、雕刻，再配以剪纸、书画、诗词等装饰制作而成的综合工艺品，也是我国传

红鲤花灯

■ 蚂蚁花灯

统的民间手工艺品。

扎彩灯的手艺一般是代代相传的，彩灯艺人们用祖传的手艺活，继承着元宵佳节的传统风俗。

彩灯只在春节至元宵节的这半个月卖，但是准备工作和扎灯却是一整年都没停。通常，彩灯艺人是在元宵节后休息半个月，然后开始着手下一年彩灯的材料，七八月份便开始扎彩灯了。

彩灯看似简单，背后却有着20多道工序。首先，将买好的纸张压出皱纹，染上各种颜色；等染渍干的时候，就可以让人送来竹子，再根据一定的尺寸破竹、做竹篾、扎骨架；然后开始剪纸、折纸，做成各种需要的形状。最后，再挂上红色的挂穗，一盏简单却漂亮的彩灯就做成了。

我国最著名的彩灯是东至县彩灯。东至县位于安徽省南部深山之中，这里的彩灯已入选了第二批国家

刺绣 在纺织物上绣制的各种装饰图案的总称。就是用针将丝线或其他纤维、纱线以一定图案和色彩在绣料上穿刺，以缝迹构成花纹的装饰织物。刺绣是我国民间传统手工艺，已有两三千年的历史了。主要有苏绣、湘绣、蜀绣和粤绣四大门类。

动物花灯

级非物质文化遗产名录。

在东至县,民间艺人自古以来就有利用本地所产的竹、木、藤、金属等材料制作各色彩灯的传统。闹彩灯也就成了这里民间最常见的娱乐活动。

东至县彩灯的历史可上溯到1000多年前的唐代后期,它由磨盘灯、六兽灯、八仙过海灯、五猖太平灯、龙灯、狮子灯、蚌壳灯等10多种形式各异的彩灯组成。

彩灯的种类以本乡本土为主,也有从外地流传到东至的,表演形式丰富多样,内容涉及民间舞蹈、音乐、手工技艺和宗教信仰等诸多领域。

在东至县,制作和表演彩灯以官港、张溪、石城、高山、木塔等乡镇的20多个家族为主。他们以家族为演出单位,以请神祭祖、驱邪纳福、祈求太平为目的。

历史上的东至县,每年春节期间都要举办灯会,一般从正月初二开始至正月十五元宵节结束。

张溪镇东湖村是磨盘灯的传承地。磨盘灯的主体结构是两个带装饰的大小木盘。玩灯时,由两人在大盘中推动。灯顶端有四角凉亭,舞动时,灯盘上伫立6个少年,手提花篮,在管弦锣鼓伴奏中随盘转动,口唱戏文,自由起舞。灯架上另外还扎有五色花鸟、走兽等装饰物。

这个磨盘灯是200多年前从江西引进,每年都是用来庆祝丰收年景的。所以,每年新年的正月初二就开始耍灯。这个灯总的来说是人团圆,灯团圆,花好月圆。预祝新的一年里,人团圆,丰收年。

流传在东至县石城乡境内的彩灯是六兽灯。东至县靠近佛教圣地九华山,民间习俗受佛教文化影响很深。九华山以及当地寺庙中常见到独角兽、青狮、白

宗教 人类社会发展到一定历史阶段出现的一种文化现象,属于社会意识形态。主要特点为,相信现实世界之外存在着超自然的神秘力量或实体,该神秘力量统摄万物而拥有绝对权威、主宰自然进化、决定人世命运,从而使人对这一神秘产生敬畏及崇拜,并从而引申出信仰认知及仪式活动。

■ 童子花灯

■ 巨兔花灯

象、麒麟、鹿、獐六兽的塑像。当地居民把这六兽视为吉祥物,依照这六兽的形体扎制彩灯,高悬在门头之上,六兽灯因此而得名。此外,数字六还是取"六六大顺"的吉祥之意。

元宵节一过,这里的村民们会将六兽灯集中在村口焚毁,用当地人的话来说就是"行火升天",这被称作圆灯,来年再玩再扎。

此外,在高山乡金塔村流行的五猖太平灯,模仿人神共舞的场面来烘托热闹喜庆的气氛。为了增加喜庆气氛,先人们还将舞狮子与之结合,这使得五猖太平灯成为一种有灯有戏、有舞有唱、有狮子有神鬼的古朴民间文化艺术形式。

近几年,随着科学技术的发展和人们自娱自乐意识的增强,已经推陈出新,增添了钢筋铁骨灯架、微型马达、新式电声光源入灯的现代化彩灯新品种。如

麒麟 也作骐麟,简称麟,是我国古籍中记载的一种动物,与凤、龟、龙共称"四灵"。它是神的坐骑,古人把麒麟当作仁兽、瑞兽。雄性称麒,雌性称麟,明代郑和下西洋带来了长颈鹿后,又用来代指长颈鹿。常用来比喻杰出的人。

能摇头摆尾招手致意、并用几国语言向观众问候的恐龙灯和能够展示火箭发射、飞天、回收整个过程的火箭灯,使元宵彩灯赋予了强烈的时代特色。

如今的元宵彩灯不仅是民间彩灯艺人彩扎、糊裱、剪纸、刺绣诸工艺与智慧的集中展现,它还是现代科技之光的折射。

此外,我国福建泉州的花灯更是冠绝天下。据花灯专家介绍,泉州的灯节始于唐朝。在唐僖宗时,左仆射傅实奉旨南下驻于泉州丰州,将闹花灯习俗也带到了泉州。此后,每年正月十五,家家张灯结彩,街道宛如灯河,男女老少争相出来观灯,歌舞升平,通宵达旦。

在宋代,泉州的灯节发展到了顶峰,花灯之盛,冠绝天下,形成上品花灯,有"春光结胜百花芳,元夕分华盛泉唐"之说。

特别是南宋,在泉州设南外宗正司,管理3000多名来泉州定居的皇室宗亲。他们仿照临安大放花灯,

唐僖宗(862年~888年),李儇,唐朝第十八位皇帝。唐懿宗的第五子,初名俨,在位15年。懿宗病重弥留之际,他在宦官的支持下被立为皇太子,改名李儇,并于懿宗的灵柩前即位。

■ 飞天彩灯

■ 月老花灯

使上元节的活动热闹壮观。甚至连京城、杭州点灯都委托泉州府尹、南安知县雇工精制。

清末《温陵岁时记》记载：

> 上元灯——市人制灯出沽，或以五色纸，或以料丝，或扎稻草，作花草人物虫鱼，燃以宝炬，惟妙惟肖，俗名古灯。恒于府治西畔双门前作灯市……

福州花灯有着悠久的历史。早在唐代，福州就成为全国盛行花灯活动的十大城市之一。

每当元宵之际，民间制灯、买灯、赏灯、送灯尤为活跃。南宋时，在杭州举行的全国灯赛中，福州、苏州花灯被评为上品，蜚声海内。

周密在《武林旧事》一书中记载，福州进贡京城

寿山石 一种以迪开石、叶蜡石、伊利石等矿物为主并达到图章石雕琢工艺要求的岩石。因主要产于福建寿山而得名。分布在福州市北郊晋安区与连江县、罗源县交界处的"金三角"地带。若以矿脉走向，又可分为高山、旗山和月洋三系。经过1500年的采掘，寿山石的品种达100多种。

的花灯，"纯用白玉，晃耀夺目，如清冰玉壶，爽彻心目"。据分析，当时制灯用的"白玉"，实际上是由寿山石切薄后磨制而成的。

每年的正月十五，闽北各地的龙灯、花灯都会聚在一起，举行赛灯和踩街。闽北山乡元宵灯，不仅蕴含了乡村俚俗所富有的深刻的文化内涵，而且古俗相沿，遗风尚存，充满了神话般的传奇与精彩。

烛桥灯是集剪纸、贴花、裱糊、制作技艺为一体，由每个农户出"板"一块，板约长2米，板上固定两三盏花团锦簇、精巧别致的纸灯，每灯一烛，板板相串，连接成"桥"，有的几百米，甚至上千米。

它在山乡田野间行走，逶迤蜿蜒，远看像是一座灯的桥，所以称它为"烛桥"，又称"板凳龙""游蛇灯"。由于连接的木插销是活动的，虽然庞大无比，但是操作起来十分灵便。

由100多人各抬一板组成，几百米的烛桥灯，亦动亦静，气势磅礴又柔美优雅，极具观赏性。因为筼竹村坐落在海拔千米的茫荡山上，元宵节当日，烛桥灯从高山上下来，真如神灯天降，几百名的壮汉裸胸上阵，在"咚咚咚"的鼓声中气势非凡。

建阳黄坑烛桥灯恰似一条御风穿云的蛟龙，队伍行进时，鼓乐开道，礼炮齐鸣，气势宏伟壮

贴花 陶瓷器的传统装饰技法之一。使用印模印出纹饰后贴于器物上，再施釉烧成。唐代在青釉褐斑器物上贴花，有人物、禽鸟、双鱼、花卉、园景等纹，具有浓郁地域特色。巩县在三彩罐、瓶、壶上贴有各种团花纹饰，施加鲜艳的彩釉，增加了器物的美感。

■ 龙形彩灯

观。一面直径近1米的牛皮大鼓,由两名鼓手舞动鼓槌,忽而急如流星,忽而行如流水。

操持烛桥的"桥手",年长者达六旬,年少者十五六岁,个个精神抖擞,组成了布列有序的长蛇。倘若是在大操场上表演,数条长龙穿梭表演"万""寿"等字样,更使人们眼花缭乱,目不暇接。

进入春节,武夷山枫坡村以"拔烛桥、舞花灯"的方式闹元宵,展现出深厚的文明内涵。

闽北各地的花灯犹如一件件艺术珍品,灯的里里外外都被雕琢、修饰。每盏灯的外罩全是透明玻璃纸,四面贴有剪纸作品,有"梁山好汉""红楼倩影""杨门女将"等。还有动物花草和反映农村生活题材的"骏马飞跃""五谷丰登"等。此外,还有诗词、楹联、谜语。

这些剪纸作品栩栩如生,色彩鲜艳,清新美观,寓意深刻,为闽北山乡的节日增添一道美丽的风景,呈现纷繁的异彩。

阅读链接

关于武夷山枫坡村以"拔烛桥、舞花灯"的方式闹元宵,其中还有一段传说故事呢!

据传,这种独特的传统习俗和禁赌有关。相传清咸丰年间,京官邱美金的爹爹见家乡赌博成风,土地荒芜,心中十分焦急。

于是他心生一计,假托京城传话给家乡称:由于赌博的瘴气遮住了家乡,麒麟看不到家乡的田,保不住丰收与平安,村民务必在正月里赶制百盏花灯,百个可插蜡烛的木架,在正月十四至十六这3天绕村游行,然后把花灯堆放燃烧,将赌具一一投入火中焚毁,清除瘴气,以求麒麟保佑。

乡民们便照此办法,焚烧赌具,安心生产,果然风调雨顺人畜兴旺。此后,此习俗代代相传,逐渐演变成"拔烛桥、舞龙灯"的活动。